AF356428

Flatterie
Contentement
Sommeil
Avarice
Volupté
Fureur
Midas
Danaé
L'ELOGE
de la
FOLIE.

L'ÉLOGE

DE LA

FOLIE,

Composé en forme de Déclamation,

PAR

ERASME,

Et traduit

Par **M. GUEUDEVILLE,**

Avec les Notes de GERARD LISTRE,
& les belles Figures de HOLBEIN.

Le tout sur l'original de l'Université de Basle.

NOUVELLE EDITION

Revue, augmentée, & mise dans un meilleur ordre.

A NEUCHATEL,

Chez SAMUEL FAUCHE, Libraire du Roi.

M. DCC. LXXVII.

AVERTISSEMENT
SUR CETTE
EDITION
NOUVELLE.

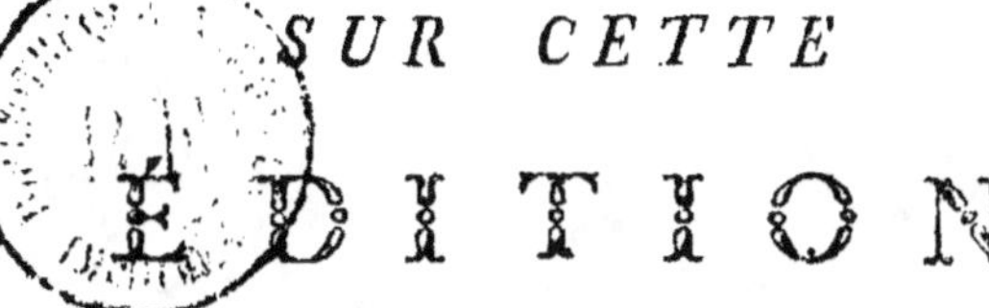

LE fuccès qu'ont eu les ouvrages de Mr.
Gueudeville, & en particulier fa traduction de l'ELOGE DE LA FOLIE, doit être uniquement attribué au talent qu'il avoit de badiner agréablement fur fortes toutes de fujets, & au
tour original de fes penfées & de fese xpreffions.
L'élégance & la pureté du ftyle n'eft point ce
qu'on y doit chercher. On avoit commencé
de remédier a ce défaut, dans l'édition de 1728 :
mais, comme on en convient dans l'avertiffe-
ment, il reftoit encore bien des façons de parler vicieufes, qui échappent toujours dans une
premiere revifion. Celle-ci a été faite avec beaucoup plus de foin. Outre plufieurs *additions*

)(2

qu'on a cru néceffaires, on a táché de n'y rien laiffer de choquant; & l'on croit enfin avoir mis l'ouvrage dans l'état où le public auroit fouhaité de le voir dès la premiere édition.

PRÉFACE

DU TRADUCTEUR.

ERASME fut d'une vaste Littérature, & d'un discernement exquis ; il possédoit à fond les auteurs ; & personne n'a, peut-être, jamais si bien mis en œuvre le savoir & l'érudition. Il excéloit dans la connoissance des livres; & le principal but de son assiduité à l'étude, étoit de réfléchir sur les mœurs. Il seroit bien à souhaiter, que les savans imitassent ce grand modele : au lieu de ces hautes spéculations qui, presque toujours, sont creuses & stériles, ils nous enseigneroient le vrai usage de la raison, & ils pourroient profiter les premiers de leur travail.

Il est vrai qu'Erasme avoit un talent tout extraordinaire pour la Morale : il semble que la nature l'avoit choisi pour en faire un prodige dans ce genre-là ; & il y auroit une espece de témérité, d'aspirer à la perfection de ce fameux Censeur du genre humain. Il avoit, au suprême degré, les qualités requises pour peindre au naturel cet animal défectueux, difforme, & tout contradictoire, qui s'appelle homme : un génie supérieur, étendu, pénétrant, vif, tout-à-fait heureux. Mais, à mon sens, l'endroit par où il brille le plus, c'est son enjouement. Badinant sur tous les ridicules qu'il rencontre en son chemin, ses railleries sont si bien assaisonnées de grace & de délicatesse, de bon sens & de modération, qu'on ne sauroit décider si l'agréable y domine sur l'utile, ou si l'utile l'emporte fur l'agréable. Ses pointes ne piquent point les gens d'efprit; fon fel n'eft âpre que pour les fots; & on peut nommer fon ingénieufe Satyre, une enveloppe de fageffe, une boiffon délicieufe dans laquelle il infufe le meilleur remede contre les vices.

Mais fi le célebre Erafme s'eft jamais furpaffé dans l'art de moralifer, ç'a été fans doute dans fon *Eloge de la Folie*. Il réunit fur ce fujet toutes les forces de fon génie parfaitement ironique: & au lieu que, dans fes autres ouvrages, il ne frappe & ne tire qu'en paffant, c'eft ici une guerre en forme contre les hommes; il les attaque ouvertement, il les bat en ruine. Le plan de la piece eft digne d'un fi grand maître. Eriger la Folie même en actrice, qui fe moque favamment, judicieufement, finement, de la vie humaine, il falloit être Erafme pour s'en avifer. L'invention ne pouvoit être plus heureufe, ni plus jufte. La Folie étant la Reine des hommes, elle a droit de les cenfurer; la Folie étant la meilleure amie des hommes, elle étoit la plus propre à leur dire leurs vérités; enfin, la Folie dominant fur les plaifirs des hommes, il lui appartenoit, à titre de préference, de jouer avec eux, & de les divertir. Il n'y avoit qu'un inconvénient: les hommes croient la Folie, tant qu'elle parle en folle; & dès qu'elle emprunte la voix de la raifon, ils ne la reconnoiffent ni ne l'entendent plus. C'eft apparemment par cet endroit que la Déclamatrice d'Erafme n'a point réuffi dans le meilleur de fon deffein, qui étoit de changer les mœurs: les hommes ont les mêmes travers de fens & de conduite, qu'ils ont eu de tout tems, & vraifemblablement ils les auront de génération en génération. Ce n'eft pas la faute de notre actrice moralifante; elle ne pouvoit s'y prendre mieux pour convertir fes auditeurs; & puifque la Folie même n'a pu amener les hommes à la fageffe, hélas! il n'eft que trop fûr qu'ils n'y viendront jamais.

Pour donner une légere idée du fuccés de cette

petite piece , je ne sai sis aucune autre production
d'Erasme a fait tant de bruit dans la République des
lettres, Un des intimes amis de l'auteur assure, que
l'*Eloge de la Folie* avoit été réimprimé déja plus de
dix fois. Charles Patin, qui en procura une nouvelle Edition sur le Manuscrit de Basle, parle en
ces termes. " J'ai cru qu'il seroit utile de remettre
„ sous la presse l'*Eloge de la Folie*, réimprimé tant
„ de fois. Cette *Déclamation* a comme disparu dans
„ la République des lettres ; & , quoiqu'on l'ait
„ traduite presque en toute langue & en tout Pays,
„ à peine s'en trouve-t-il chez les Libraires. Tout
„ le monde estime cette piece ; & ceux même qui
„ n'en sont pas contens, la demandent avec em-
„ pressement. Permis à chacun d'en juger selon sa
„ portée, ou plutôt selon son penchant : mais il est
„ certain qu'elle est toute pleine d'esprit & d'éru-
„ dition ; & les lecteurs même qui ont leurs rai-
„ sons pour la blâmer, ne sauroient disconvenir
„ qu'elle ne soit très bien écrite. Ecoutez ce que
„ notre Erasme écrit là dessus à l'Abbé de Saint Ber-
„ tin. *Au reste*, dit-il, *la matiere est plaisante d'elle-*
„ *même : mais je n'attaque aucune sorte d'hommes mal-*
„ *honnètement, & je ne raille personne en particulier,*
„ *que moi-même. Enfin, que cet ouvrage-là soit ce qu'on*
„ *voudra, il est bien reçu de tous les Savans ; les Evê-*
„ *ques, les Archevêques, les Rois, les Cardinaux le*
„ *trouvent de leur goût ; il plaît même à notre Saint*
„ *Pere le Pape, & Leon X. l'a lu tout entier.*

Les figures dont le Libraire, pour faire plaisir
au public, a embelli cette traduction, sont très cu-
rieuses, elles viennent *originalement* de *Holbein*.

Le Lecteur ne sera pas fâché que je lui fasse connoitre ce *figuriste*. Il étoit de Basle & le premier
homme de son tems pour la peinture. La débauche
l'ayant réduit à une grande disette, il résolut d'aller

)(4

en Angleterre. Paſſant par Strasbourg, il demanda de l'occupation au meilleur Peintre de la ville, qui, ſans le connoître l'admit à ſon attelier. Un jour que le maître n'étoit pas au logis, Holbein s'aviſa de faire une mouche ſur le front d'un portrait, & s'enfuit au plus vîte. Le Peintre, revenu ehez lui, tâcha pluſieurs fois de chaſſer la mouche ; & ſe trouvant la dupe d'un ſi habile *Artiſte*, il le fit chercher par-tout, mais inutilement. Holbein, arrivé à Londres, dont il avoit fait le voyage preſque en demandant l'aumône, s'adreſſe à Thomas Morus, & lui préſente, de la part d'Eraſme, une lettre de recommandation. Le Chancelier, qui aimoit tendrement Eraſme, & qui d'ailleurs fut ravi de connoître notre Suiſſe ; le retint deux ans caché dans ſa maiſon. Pendant ce tems-là, Holbein ne pouvant ſe ſouvenir du nom d'un Comte, qui lui avoit conſeillé à Basle de venir en Angleterre, peignit ſuivant l'idée qu'il avoit de ſon viſage, & le peignit ſi bien, que tout le monde reconnut ce Seigneur. Morus ſe croyant aſſez riche en ouvrages de ſon domeſtique, & voulant lui procurer un ſort plus éclatant, invita le Roi à un repas. Henri VIII étant donc venu pour honorer de ſa préſence la table de ſon Chancelier, trouva dans la ſalle tous les tableaux de Holbein bien arrangés Le Monarque, qui avoit beaucoup de goût pour la peinture, eſt ſaiſi d'admiration ; il demande ſi l'auteur eſt encore en vie, & ſi, quoi qu'il en coûtât, il pourroit l'avoir chez ſoi. Morus fait paroître Holbein & le recommande au Roi, qui l'appelle à la Cour. Notre gros Suiſſe y eut une aventure, qui mérite d'être rapportée. Travaillant à un certain ouvrage, que le Prince lui avoit défendu de montrer à qui que ce fût, il s'étoit enfermé. Un Comte, curieux de lui voir manier le pinceau, vint frapper à ſa porte ; & le Peintre répond, qu'il ne lui étoit pas permis d'ouvrir. Le Seigneur ne ſe rebute point, & le Peintre tient ferme. Enfin, Holbein importuné, la colere le prend : il se leve, il ouvre, & saisissant le Comte, il le jette du haut en bas de l'escalier ; ce qui mit le pauvre Seigneur en pitoyable état. Holbein, craignant pour sa peau, sauta par la fenêtre, & courant au Roi, il lui conta ingénument l'histoire. Le Monarque lui fait grace, à condition de demander pardon au Comte ; & il a la bonté de retenir le Peintre, pour donner le tems à l'offensé de calmer sa premiere fureur. Cependant, le Comte, tout brisé de sa chûte, le visage couvert de sang, se fait apporter devant le Prince, & lui demande justice. Le Roi le plaint, & l'exhorte à pardonner. Mais trouvant le Seigneur insensible à cette morale, & prévoyant bien que, tôt ou tard, il feroit un mauvais parti à Holbein, il fit au Grand cette terrible apostrophe : *Mon Peintre n'est plus votre partie, c'est moi : je vous traiterai comme vous le traiterez ; &, par la considération que vous aurez pour lui, je jugerai du cas que vous faites de votre Roi. Au reste, sachez que je puis élever sept Paysans à la dignité de Comte ; mais que je ne puis pas faire de sept Comtes, un seul Holbein.* Le Seigneur, terrassé par cette foudre, se jetta aux pieds du Prince, promettant, non seulement d'étouffer sa vengeance, mais même d'être le protecteur du Peintre.

Il a eu pour lui tous les connoisseurs : plusieurs l'ont placé au-dessus des plus grands maîtres, & aucun ne l'a mis au-dessous. Charles Patin ne pouvoit admirer assez les figures qu'on donne ici au public. Erasme, ami de Holbein, les vit avec un plaisir singulier, & les garda dix jours. Trouvant son portrait dans une de ces figures, il s'écria en badinant : *Oh, oh ! si je ressemblois encore à cet Erasme-là, en vérité je voudrois me marier.* Pour plaisanter avec son ami, dont les mœurs étoient fort bachiques, il mit au bas de la figure qui

PREFACE DU TRADUCTEUR.

repréſente le Pourceau Epicurien, *Holbein.* Ce fameux Peintre mourut de la peſte, à Londres.

Quant à ma Traduction, j'ai ſuivi le chemin du milieu, c'eſt-à-dire, autant que je m'y connois, le plus raiſonnable ; ne m'étant pas borné ſcrupuleuſement à l'idée de mon auteur; mais auſſi, n'ayant rien ajouté que de conforme à ſon ſens.

Les notes ſont de *Gerard Liſtre*, ſavant Médecin, qui, ayant demeuré quelques mois avec Eraſme, avoit lié avec lui une étroite amitié. Comme il m'a ſemblé que des remarques de littérature ne conviennent point à une Traduction, qui n'eſt proprement que pour ceux qui n'entendent pas l'original ; je me ſuis cru obligé de les omettre, m'étant contenté d'inſérer celles que j'ai jugé conformes à la curioſité d'un lecteur qui ne ſe ſoucie ni d'Hébreu, ni de Grec.

J'avertis auſſi, que ſi on trouve dans mon ſtyle une trop grande abondance de mots, on doit me le pardonner : je me ſuis accommodé en cela à la diction de mon auteur, & je n'aurois pu, ſans l'affoiblir, ſerrer mes expreſſions, outre que ces redites paſſent, à la chaleur d'une Déclamation.

PRÉFACE

D'ERASME,

Adressée à

THOMAS MORUS,

SON AMI.

RETOURNANT derniérement d'Italie en Angleterre, pour ne pas perdre à des conversations où les Muses n'ont aucune part, tout le tems qu'il falloit voyager à cheval, j'aimai mieux répenser quelquefois à nos études communes, & jouïr en idée de ces savans & agréables amis que j'avois laissé ici. Comme vous tenez le premier rang entre ces amis, illustre Morus, c'étoit vous aussi dont le souvenir m'occupoit le plus. Je vous rappellois souvent dans ma mémoire, & j'en recevois un extrême plaisir, m'imaginant être aupres de vous, & sentir réellement cette douceur, que je puis jurer avoir été la plus grande de ma vie.

Résolu donc de m'occuper a quelque chose, comme un pareil loisir n'étoit pas bon pour une méditation sérieuse, je m'avisai de badiner en faisant l'Eloge de la Folie. Quelle Minerve vous inspira ce bisarre dessein? direz vous. Premiérement, Pallas me fit remarquer, que les Grecs ayant nommé la F O L I E, M O R I A, ce terme, Folie, approche autant ce

PREFACE

Grec de votre nom de famille, que vous êtes éloigné de sa signification : car vous êtes connu par-tout pour un des plus sages hommes du siecle. Outre cela, je crus que ce jeu d'esprit seroit fort de votre goût. Je me flatte qu'il y a de la littérature & du sel dans le badinage que je vous présente ; & je sais d'ailleurs, que rien ne vous divertit tant, que les railleries de cette nature-là : vous riez, en Démocrite, de la vie humaine. Mais quoique, par une grande supériorité de génie, vous soyez beaucoup au-dessus du commun, vous ne laissez pas de vous rabaisser avec plaisir à la portée de tout le monde ; &, pour employer l'expression de Tibere, vous êtes propre à tout, & à tous les momens.

Agréez donc, s'il vous plaît, cette petite déclamation : Je vous l'offre, comme le gage d'une amitié qui doit durer autant que nous. J'espere même, que vous prendrez cette piece sous votre protection ; car, dès que j'ai l'honneur de vous la dédier, elle est plus la vôtre, que la mienne. Je m'attends bien, qu'on ne manquera pas de m'attaquer. Les chicaneurs diront, que ces badineries déshonorent la gravité théologique, & que cette Satyre est toute opposée à la modération chrétienne : ils m'accuseront de ressusciter (1) l'ancienne Comédie, & de mordre tout le monde, (2) comme un nouveau Lucien. Mais je prie d'avance

---

(1) *L'ancienne Comédie.* Celui qui l'inventa, fut un certain Susarion, de la ville de Megare. Ce Théatre naissant étoit si libre, ou plutôt si licencieux, qu'on y nommoit les spectateurs en reprenant leurs vices : mais cela fut défendu par une loi faite exprès ; & depuis la réformation de cet abus, on appella la scene, *nouvelle Comédie.* Chez les Latins, la Satyre succéda à la vieille Comédie.

(2) *Comme un nouveau Lucien.* Ce fameux Dialogiste étoit un Rhéteur de Samosate, & si satyrique, qu'il n'épargnoit pas même les Dieux ; ce qui le fit surnommer l'Impie.

ceux qui se scandaliseront de la bassesse du sujet, & de la plaisanterie avec laquelle je le traite, de vouloir faire attention à une chose : c'est que je ne suis pas l'inventeur de cette maniere d'écrire, & que je n'ai fait qu'imiter en cela les plus anciens & les plus célebres auteurs. Combien s'est-il écoulé de siecles, depuis qu'Homere a écrit la guerre des grenouilles & des rats ? Virgile ne s'est-il pas exercé sur le Moucheron ; & Ovide, sur la Noix ? Polycrate a fait l'Eloge (1) de Busiris, & Isocrate le réfuta ; Glaucon a loué l'injustice ; Favorin, (2) Thersite, & la fievre quarte ; Synesius, la tête chauve ; Lucien, la Mouche parasite. Seneque n'a-t-il pas badiné sur l'Apothéose de l'Empereur (3) Claude ? Plutarque n'en a-t-il pas fait autant, dans le Dialogue de Gryllus changé en Pourceau, & d'Ulysse ? Lucién & Apulée ne se sont-ils pas égayés sur l'âne ? Et un je ne sais qui, sur le testament d'un cochon ? S. Jerôme en parle.

Si mes censeurs ne veulent pas se payer de cette monnoie-là, ils n'ont qu'à s'imaginer que je joue aux Echecs pour m'amuser, ou à quelque jeu d'enfant. Il n'y a point de condition dans la vie, à qui on ne permette quelque divertissement : ce seroit donc une grande injustice, d'interdire aux gens de lettres un peu de badinage pour se délasser l'esprit. Mais si jamais on doit leur permettre de badiner, c'est lorsqu'ils le font utilement pour les lecteurs. Pour peu qu'on ait de génie, on profite ordinairement plus des bagatelles finement tournées, que des matieres sérieuses & bril-

---

(1) *De Busiris.* Cruel Tyran d'Egypte ; Hercule en purgea la terre.

(2) *Thersite.* Homere, qui le met au Siege de Troie, en fait un portrait affreux ; louche, boiteux, bossu, &c.

(3) *Claude.* Lucien tourne joliment en ridicule cet Empereur, qui voulut être mis au nombre des Dieux.

lantes. L'un célebre l'Eloquence, ou la Philosophie, par un Eloge tout cousu de pieces de rapport ; l'autre fait pompeusement le Panégyrique du Prince ; celui-là prononce un beau discours pour animer à la guerre contre le Turc ; celui-ci, infatué de l'Astro'ogie judiciaire, ou imposteur de profession, prédit l'avenir ; l'autre forme de nouvelles difficultés sur des riens. Ces productions sont presque toujours autant infructueuses, que la badinerie est profitable. Et d'ailleurs, comme rien n'est si sot, que de badiner sur un sujet grave & sérieux ; rien aussi n'est plus agréable, que de trouver dans la plaisanterie un tour grave & sérieux. C'est au public à juger de cette raillerie-ci : mais, à moins que l'amour-propre ne m'aveugle, je n'ai point fait en fou l'Eloge de la Folie.

Maintenant, pour me mettre à couvert du reproche qu'on pourroit me faire touchant la Satyre, je soutiens, que de tout tems il a été permis de se moquer du train commun des hommes, pourvu que cela n'aille pas jusqu'à la licence & à la fureur. J'admire, combien les oreilles sont délicates, de nos jours : on ne veut que des titres flatteurs & magnifiques : on en voit même, qui ont un si grand travers de Religion, qu'ils supporteroient plutôt les plus horribles blasphêmes contre Jesus-Christ, que de passer la moindre raillerie contre le Pape, ou contre le Prince, & surtout, quand il y va de l'intérêt. Mais je voudrois qu'on répondit à une question : Celui qui critique le genre-humain, sans attaquer aucun particulier, dites-moi, je vous prie, peut-on, avec une ombre de justice, le nommer satyrique ? N'est-il pas vrai plutôt, que ce censeur ne fait que montrer le bon chemin ? Autrement, combien me satyrisai je moi-même ? De plus : celui qui déclame généralement contre toutes les différentes conditions, fait bien voir qu'il n'en veut point aux hommes, mais uniquement à leurs défauts.

Si quelqu'un donc se trouve offensé dans ce badinage, s'il s'en plaint, qu'y gagnera-t-il? Il fera voir qu'il est coupable, ou qu'il craint de passer pour tel. Saint Jerôme a badiné dans ce genre-là, bien plus librement & plus satyriquement, ne faisant pas même scrupule de nommer. Pour moi, outre que je ne me suis écarté en rien du général, j'ai tellement menagé mes expressions, que tout lecteur judicieux connoîtra sans peine, que j'ai eu plus en vue de divertir, que de mordre. Je n'ai pas, comme Juvenal, remué l'é-goût de la scélératesse; je me suis plus attaché aux mœurs risibles, qu'aux mœurs honteuses. Mais enfin, si toutes ces raisons ne paroissent pas valables, on n'a qu'à se souvenir, qu'il est glorieux d'être censuré par la Folie; & que, la faisant parler, il a bien fallu que je me sois accommodé au caractere du personnage. Mais pourquoi vous importuner de mon droit, vous qui êtes un si habile Avocat, que les causes qui ne sont pas des meilleures, deviennent très-bonnes entre vos mains? Adieu, très-célebre Morus; prenez soigneusement la defense de votre MORIE.

A la Campagne ce 10 Juin 1508.

L'ELO-

ERASME.
MOR:Is.
HOLBEIN.

L'ÉLOGE
DE LA
FOLIE.

DÉCLAMATION. (1).

C'est la Folie qui parle.

J'ENTREPRENDS aujourd'hui de repouffer les traits empoifonnés de la médifance, qui fe plaît à m'attaquer. Je fais jufqu'où va fon acharnement contre moi ; & que mes Favoris même ne rougiffent point de me déchirer. Mais on a beau me noircir ; cette Folie que vous voyez,

---

(1) *Déclamation.* C'eft-à-dire ici, un jeu d'efprit. Au refte, Érafme introduit la Folie comme une de ces Divinités de théatre, qui anciennement débutoient par leurs louanges ; ce qui convient d'autant mieux à la Folie, que c'eft le caractere d'un Fou, de fe louer & de s'admirer.

A

c'eſt elle, pourtant, qui a le pouvoir de remettre en belle humeur les Dieux & les
Hommes.

Preuve de cela, n'eſt-il pas vrai que, dès
que j'ai paru devant cette nombreuſe Aſſemblée, la joie a commencé d'y éclater ? Vous
avez marqué tous un air ſi content ! vous n'a-
vez même pu vous empêcher de rire en voyant
ma figure ! & depuis que je ſuis ici, on vous
prendroit pour des (1) Dieux d'Homere,

____

(1) *Des Dieux d'Homere.* Parce que ce fameux Poëte
les a inventés.

enivrés d'un Nectar mêlé de (1) *Nepenthe ;*
au lieu qu'auparavant, vous aviez de chagrin
& l'inquiétude peinte fur le vifage.   A vous
voir mornes & fombres comme vous étiez,
on ne pouvoit mieux vous comparer qu'à des
gens fortis tout récemment de (2) l'Antre

---

(1) *Nepenthe.* Herbe réelle ou imaginaire , dont le
fuc, mêlé avec le vin , excitoit à la joie.
(2) *L'Antre de Trophonius.* Suivant la fuperftition
payenne, un Diable étoit l'Oracle de cet antre-là ; & comme ceux qui y entroient pour le confulter, en fortoient tout
défigurés , la chofe tourna en Proverbe , pour défigner une
perfonne abattue de chagrin.

de Trophonis. Je fuis un Printems à votre égard. Lorfqu'après un hiver affreux, le foleil reprend fa fécondité, & nous ramene ces douces influences qui fondent les neiges & les glaces, & qui rendent à la Terre fa fertilité naturelle; alors tout change à nos yeux, tout prend une face nouvelle, tout rajeunit. J'ai produit, à-peu-près, cet heureux effet fur vous. Dès que j'ai paru, vous n'avez plus été les mêmes. Ainfi j'ai atteint, par ma feule préfence, le but où d'habiles Orateurs peuvent à peine arriver par des difcours longs, & long-tems médités: ils fe tuent pour diffiper vos foins; & moi, Folie, j'y ai réuffi en me montrant, & fans ouvrir la bouche.

Or, fi vous êtes curieux de favoir pourquoi je parois ici dans ce bifarre équipage, je vais vous le dire; bien entendu, que vous ne vous lafferez pas de m'écouter. Ce n'eft pas une attention (1) de Sermon, que je demande: c'en eft une femblable à celle que vous avez coutume de donner aux Bâteleurs, aux Farceurs, aux Charlatans des places publiques. Ecoutez-moi comme (2) Midas, qui étoit des nôtres, écoutoit la Mufique du Dieu Pan. Car j'ai envie de faire un peu (3) la Sophifte

____

(1) *Attention de Sermon.* Laquelle eft fouvent fort languiffante.

(2) *Midas.* Il trouvoit que Pan chantoit mieux qu'Apollon.

(3) *Sophifte.* Ce fut d'abord le titre des Philofophes & des Profeffeurs en Sageffe; enfuite, des Rhéteurs; & à la fin, ce nom ne fignifia plus qu'un grand & fubtil difeur de rien.

avec vous. La Sophifte ? Quoi ! je contreferois ce genre d'*Ergoteurs* qui n'infpirent aujourd'hui à la jeuneffe qu'un tas de bagatelles épineufes, & une chicane encore plus opiniâtrée que ne le font les noifes & les querelles des femmes ? Nullement : mais je veux imiter ces Anciens qui, pour éviter le nom de Sage, nom infame à mon gout, prirent le mafque de la Sageffe, & fe firent appeller *Sophiftes* : gens dont l'occupation favorite étoit de célébrer, avec l'encenfoir de leur Rhétorique, la gloire des Dieux & des Héros. Vous allez donc entendre le Panégyrique, non d'un Hercule, non d'un Solon, mais de moi, c'eft-à-dire, de la Folie.

Afin que vous le fachiez, j'ai un fouverain mépris pour ces Sages qui crient au fat, à l'infolent, quand quelqu'un fe vante & s'en fait accroire. Qu'ils traitent tant qu'ils voudront cet homme-là de fot & de ridicule, j'y confens : mais du moins, ils avoueront que ce fou garde la bienféance de fon caractere. Quoi de plus convenable à la Folie, que d'être la trompette de fon mérite, que de faire retentir fes louanges partout ? Qui peut mieux me tirer au naturel, que moi-même ?

Il me femble néanmoins, qu'en cela, j'agis encore beaucoup plus modeftement que le commun des Grands & des Sages du Monde. Une mauvaife honte les empéche de fe louer eux-mê-

mes : mais que fait-on ? On gagne (1) un Pané-
gyrifte flatteur, on achete une Mufe hableufe ; &
on s'embaume ainfi de la douce fumée d'un Eloge, qui prefque toujours n'eft qu'un tiffu de men-
fonges finement tournés. Cependant, le bon
Seigneur, avec fon air modefte, étend fon plu-
mage comme le Paon, leve la créte à la voix du
Flatteur impudent, qui compare un lourdaud à la
Divinité ; qui propofe comme un modele accompli de toute vertu, un homme qu'il fait en
être infiniment éloigné ; qui orne la Corneille
de plumes étrangeres ; qui s'efforce de blanchir
la peau de l'Ethiopien ; enfin, qui, par fa Rhétorique, comme par une efpece de Magie, fait
beaucoup de peu, & transforme la *Mouche en Elé-
phant*. Mais à quoi bon tant babiller ? Pour revenir fur mon chapitre, je fais ce que dit le Proverbe : *N'y a-t-il perfonne qui te loue ? Tu as raifon de te louer toi-même.*

A vous parler franchement, Meffieurs, je ne
puis affez admirer le procédé des hommes à mon
égard. Eft-ce ingratitude ? Eft-ce nonchalance ?
Je n'en fais rien, demandez-leur. Ils ont de l'af-
fection & de l'attachement pour moi ; ils reçoivent volontiers mes bienfaits ; j'ai tout fujet de
me flatter que je fuis leur meilleure amie : avec
tout cela, depuis que le monde eft monde, s'eft-
il jamais trouvé un feul homme qui ait daigné célébrer ma gloire, & compofer mon Eloge ? On

____

(1) On en veut ici, fur-tout, aux louanges que les Orateurs facrés donnent publiquement aux Grands.

a écrit en faveur des plus indignes fujets. Les
Bufiris, (1) les Phalaris, la Fievre-quarte, la
Mouche, la Tête-chauve, tant d'autres peftes
de cette nature-là ont eu des Apologiftes qui ont
confacré leurs veilles à les illuftrer : mais pour
moi, pour la pauvre Folie, rien.

Je fuis donc réduite à me louer moi-méme,
& c'eft ce que je vais faire. Ce fera fur le champ,
au moins, & fans aucune préparation ; tant
mieux, j'en mentirai moins. N'allez pas vous
imaginer qu'il y ait de l'oftentation, de la hable-
rie dans mon fait: je ne fuis pas comme la plupart des Orateurs. Il y a de ces gens-là, comme
vous favez, qui, donnant au Public un Ouvrage
auquel ils ont travaillé trente ans (encore
n'eft-ce fouvent qu'une compilation) protef-
tent avec ferment, qu'ils l'ont écrit ou dicté en
trois jours, pour fe divertir. Pour moi, mon
grand plaifir eft de dire (2) tout ce qui me vient
fur la langue.

Je ne fuivrai pas ici la méthode triviale de l'E-
cole, qui ordonne à un Logicien, & à un Rhéteur, de définir & de divifer fon fujet. Il ne faut
pas vous y attendre. Non, je ne vous donnerai
point ma *Définition*; & ma *Divifion*, encore
moins. Car, raifonnons un peu : qu'eft-ce que
définir ? C'eft renfermer l'idée d'une chofe dans

---

(1) *Lucien* a fait l'Apologie de Phalaris.
(2) C'étoit un Proverbe tiré d'Æfchyle, ancien Grec, &
Poëte tragique.

A 4

ſes juſtes bornes. Qu'eſt-ce que c'eſt que *diviſer?* C'eſt ſéparer une choſe en ſes parties. Or, ni l'un ni l'autre ne me conviennent. Comment me borner, puiſque ma puiſſance eſt auſſi étendue que le genre humain? Comment me partager, puiſque généralement tout eſt d'accord pour faire valoir ma Divinité? Vous voyez donc bien que, & *Définition*, & *Diviſion*, ſeroient pour moi d'un mauvais augure. D'ailleurs, dès que me voici devant vos yeux, dès que vous me voyez telle que je ſuis, de quoi ſerviroit-il de vous peindre mon ombre & mon image, dans une *Définition?*

Je ſuis, & je vous en fais juges, je ſuis cette vraie (1) *Donneuſe de biens*, qu'on appelle partout la Folie. Mais, qu'étoit-il beſoin de le dire? N'ai-je pas le viſage parlant? Ne portai-je pas écrit ſur le front tout ce que je ſuis? Si quelqu'un ſe méprenoit aſſez groſſiérement pour ſoutenir que je ſuis Minerve, ou la Sageſſe, il n'a qu'à me regarder fixement: il me connoîtra d'abord, & à fond, ſans que j'emploie les paroles pour faire connoître ce que je ſuis. Il n'y a chez moi, ni fard ni déguiſement: telle je parois, telle je ſuis dans l'ame; toujours ſemblable à moi-même. Cela eſt ſi vrai, que ceux de mes Sujets qui, ſous le maſque de la Sageſſe, voudroient paſſer pour ſages, ne ſauroient me cacher: ce ſont des Singes vêtus de pourpre; ce ſont des Anes cou-

_____

(1) *Donneuſe de biens*. C'eſt ainſi qu'Homere nommoit ſouvent ſes Dieux.

Pag. 9

verts de (1) la peau du Lion ; quelque foin qu'ils apportent à fe contrefaire , on ne s'y trompe jamais ; de quelque endroit qu'on les regarde , une paire d'oreilles éminentes découvre toujours fon Midas.

En vérité, cette race mafquée, ces fourbes, font coupables d'une lâche & noire ingratitude ! Ils font engagés très-avant dans notre parti, & ils ont honte d'en porter le nom chez le Vulgaire : ils vont même plus loin; ils repro-

____

(1) L'Ane de la Fable fut reconnu par fes oreilles.

chent ce nom aux autres , comme une infamie,
& comme un déshonneur Puifqu'il eſt donc
vrai que , quoique très-fous, ils prétendent être
reputés des Sages & (1) des Thalès , n'aurons-
nous pas toute la raifon poffible de les appeller
des *follement-fages ?* On a jugé à propos, de nos
jours d'imiter ces Rhéteurs qui fe croient autant d'Apollons , lorfque, comme (2) la Sang-
fue , ils peuvent tirer deux langues ; & qui regardent comme quelque chofe d'admirable, de
fourrer , de mêler , & fouvent fort mal-à-propos
quelques mots Grecs dans leurs Difcours Latins,
qui deviennent par-là des Oraifons à la Mofaï-
que , ou de marqueterie. Si les Langues étrangeres manquent à ces Orateurs, fi, par exemple,
ils ne favent ni Grec ni Hébreu, quelle eſt leur
reffource, à votre avis ? C'eſt de tirer de quelque
Livre moifi , quatre ou cinq vieux mots, pour
éblouir le Lecteur. Ceux qui les entendent, s'ap-
plaudiffent de leur favoir ; & ceux qui n'y comprennent rien , admirent à proportion de leur
ignorance. Car ce n'eſt pas un de nos moins
agréables plaifirs , à nous autres Fous, de regarder avec le dernier étonnement ce qui vient
de très-loin. Que fi quelques-uns de ceux qui
n'entendent point ce vieux Langage , ont l'ambition de vouloir faire accroire qu'ils l'entendent;
hé bien ! ils n'ont qu'à marquer un air content ;
ils n'ont qu'à applaudir de la tête , ou même des

___

(1) *Thalès.* Un des fept Sages de la Grece.
(2) *Sang-fue.* Pline dit qu'elle a la langue fourchue.

oreilles, à l'exemple de l'Ane ; enfin , ils n'ont qu'à dire d'un ton important , avec un ancien Valet de Théatre : *Oui , cela eft comme cela.*

Je me fuis détournée là, je ne fais comment ; les écarts , les digreffions ne fiéent pas mal à la Folie : je reprens mon chemin. Vous favez donc à préfent mon nom , hommes.... quelle épithete ajouterai-je ? Dirai-je hommes très-dignes , hommes très-honorables, hommes très-illuftres, hommes très-raifonnables ? Tout cela me répugne, & je vous ferois affront. Mais je fais l'épithete que vous méritez, & dont je dois vous honorer : recommençons. Vous favez donc mon nom, hommes très-fous. Que vous en femble ? La Déeffe Folie peut-elle parler plus honnétement à fes Sacrificateurs , à des gens initiés dans fes Myfteres ? Mais ce n'eft pas affez de favoir mon nom ; & comme il y en a peu d'entre vous qui foient inftruits de ma naiffance & de ma famille, je vais vous en faire l'Hiftoire, moyennant le fecours (1) des Mufes.

Soyez avertis d'avance, que je ne fuis fille, ni du Chaos (2), ni de Saturne, ni de Japet, ni d'aucun de ces Dieux de pareille étoffe , ufés, décrépits, en un mot, vraies antiquailles. C'eft *Plutus*, le Dieu des Richeffes , qui eft mon pere : *Plutus* qui , n'en déplaife à Hefiode , à Homere, & par conféquent au Seigneur Jupiter lui-même,

---

(1) *Des Mufes.* Parce que cette Piece eft une Fiction poëtique.
(2) *Du Chaos,* &c. C'étoient , felon Hefiode, les plus anciens Dieux , & dont tous les autres étoient defcendus.

eſt le Pere des Dieux & Hommes : *Plutus* qui, *maintenant* tout comme *jadis*, confond à ſa volonté le ſacré avec le profane , & met l'un & l'autre ſans-deſſus-deſſous : *Plutus*, ſous le bon-plaiſir de qui, la Guerre, la Paix, les Empires, les Conſeils, les Tribunaux, les Aſſemblées publiques, les Mariages, les Traités, les Alliances, les Loix, le plaiſant, le ſérieux ; (oh je n'en puis plus, je perds haleine ! abrégeons ;) ſous le bon plaiſir de qui toutes les affaires générales & particulieres des hommes ſont adminiſtrées : *Plutus*, ſans l'aſſiſtance duquel tout ce Peuple de Divinités Poëtiques , parlons plus hardiment, (1) les Dieux choiſis même, oui les Dieux du premier ordre, ou ne ſeroient plus du tout, ou du moins, feroient chez eux fort maigre chere : enfin, ce *Plutus* dont la colere eſt ſi redoutable, dont la diſgrace eſt ſi terrible , que (2) Pallas mon ennemie mortelle, toute ſage, toute guerriere qu'elle eſt , ne ſauroit en garantir les mortels : mais dont au contraire la faveur eſt ſi puiſſante , que celui à qui il en fait part, pourroit envoyer promener Jupiter & ſa foudre.

C'eſt d'un tel pere que je me glorifie d'avoir reçu le jour. Or mon pere m'engendra, non pas de ſon cerveau, comme Jupiter engendra cette bourrue & farouche Minerve , mais de (3) *Neotete*, la Nymphe du monde la plus belle, la plus en-

____

(1) *Les Dieux choiſis.* La Théologie Payenne admettoit 12 grands & principaux Dieux.

(2) *Pallas.* Déeſſe de la Sageſſe, qui défendit Jupiter contre les Géans.

(3) *Neotete.* C'eſt-à-dire, *Jeuneſſe.*

jouée, la plus agréable. Mon pere & ma mere
n'étoient pas mariés, s'il vous plaît : je ne suis pas
née comme ce boiteux de Vulcain, fils légitime
de Jupiter & de Junon, mari & femme, à leur
grand regret. Je suis fille du Plaisir : l'Amour libre a présidé à ma naissance ; &, pour parler avec
notre Homere, Plutus étoit *dans un accès de ten-*
dresse amoureuse.

    Mais, de peur que vous ne preniez le change,
quand mon pere me donna l'être , ce n'étoit pas
ce Plutus courbé sous le poids des années, & à
qui l'âge avoit déja éteint la vue, tel qu'est le Plutus d'Aristophane : mon pere étoit alors dans son
printems; exempt de toute infirmité,le sang d'une
ardente & vigoureuse jeunesse lui petilloit dans
les veines. Entre nous, certain secours étranger
ne nuisit point à la chose; Monsieur mon pere
sortoit par hasard d'une débauche divine, où il
avoit fouetté son Nectar comme il faut.

    Si vous me demandez aussi le lieu de ma naif-
sance (car aujourd'hui c'est, en quelque sorte,
faire preuve de Noblesse , que d'apprendre au Public en quel lieu l'on a jeté les premiers cris du
berceau) je ne suis née ni dans l'Isle *mouvante* de
Delos, comme Apollon, ni dans le sein de la Mer
orageuse, comme Vénus, ni dans des cavernes
profondes : mais je suis née dans ces bienheureu-
ses Isles,où la Nature n'a nul besoin de l'Art. L'in-
comparable Païs ! Le travail, la maladie, la vieillesse, n'y entrent point : on n'y voit jamais dans
les champs, ni Mauve, ni Lupin, ni Feve ; loin,

loin delà toutes ces herbes , tous ces légumes,
toutes ces racines, qui ne font qu'à l'ufage du petit peuple. Mais, au-lieu de ces viles & chétives
productions, la Terre y rapporte tout ce qui peut
charmer les yeux , & embaumer l'odorat : (1)
Moly, Panacée, Nepenthe, Marjolaine, Ambro-
fie, Lotus, Rofe, Violette, Hyacinthe ; enfin, de
quelque côté qu'on fe tourne , on s'imagine être
dans le Jardin d'Efculape, ou dans celui de Vénus.
   Naiffant dans un endroit fi délicieux, vous ju-

____

(1) *Moly*, &c. Herbes fabuleufes.

gez bien que je ne commençai pas à vivre par
pleurer : tant s'en faut ; à peine ma mere fut-elle
accouchée de moi , que je me mis à lui rire comme une petite folle. Au reste, je n'envie point à
Jupiter l'honneur d'avoir eu une Chevre pour
nourrice, puisque deux Dames des plus galantes
m'ont donné le sein : l'une est (1) *Methé*, fille de
Bacchus ; l'autre, (2) *Apœdie*, fille de Pan : vous
les voyez l'une & l'autre à ma suite.

Il est bon aussi que je vous fasse connoître mes
autres Compagnes & mes Suivantes. Voyez-vous
cette Belle au sourcil arrogant & élevé ? C'est *l'A-
mour-propre.* Celle-ci, qui a la complaisance peinte dans les yeux, & qui frappe des mains, c'est *la
Flatterie.* Cette demi-endormie , & qu'on diroit
qui dort effectivement, s'appelle *l'Oubli.* Celle-là
qui s'appuye sur ses deux coudes, les doigts entre-
lacés , c'est *la Haine du travail.* Cette autre qui
est couronnée, enchaînée de roses, ayant tout le
corps parfumé, c'est *la Volupté.* Ces yeux re-
muans , & dont les mouvemens paroissent con-
vulsifs, c'est l'*Egarement d'esprit.* Cette peau lui-
sante, cet embonpoint, ce corps si bien condition-
né, on la nomme *les Délices.* Vous voyez parmi
ces Nymphes, deux Dieux , dont l'un, qui est Co-
mus, inspire la débauche ; & l'autre ensevelit les
Buveurs dans un sommeil presque léthargique.

Secondée & servie fidellement par cette foule
de Domestiques, ou plutôt d'Esclaves, je regne

---

(1) *Methé.* L'Ivresse.
(2) *Apœdie.* La Grossiéreté , car Pan étoit un rustre.

fur tout, & les Monarques même font foumis à
ma domination. Vous voilà donc inftruits de
mes parens, de mes nourrices & de mon train.
Préfentement, afin qu'on ne m'accufe pas d'ufur-
per le nom de Déefle, je veux vous faire voir
combien je fuis utile aux Dieux & aux Hommes ; combien ma puiffance divine eft d'une vafte
étendue ; écoutez-moi bien.

Quelqu'un a dit de bon fens, que c'eft être
Dieu, que de contribuer au foulagement des
Hommes, dans leur malheureux paffage fur la
Terre. Et en effet, c'eft fur ce principe-là qu'on
a *déifié* ceux qui ont inventé le Vin, le Froment,
& les autres chofes femblables qui adouciffent la
vie. Sur ce pied-là, pourquoi ne me donneroit-
on pas avec juftice le premier rang parmi les
Dieux ? Pourquoi refuferoit-on de me placer à
leur tête, de me nommer leur *Alpha*, moi qui feule répands toute forte de biens fur les hommes ?

Premiérement, vous ne difconviendrez pas que
rien n'eft plus cher, ni plus précieux que la vie.
Or, qui a plus de part que moi à la formation, à
la conception des Vivans ? Ni la Lance de la fiere
Pallas, ni (1) l'Egide de Jupiter, n'influent point
fur la propagation humaine. Bien plus, ce terrible & foudroyant Jupiter, lui qui eft le Pere & le
Monarque abfolu des hommes, lui qui d'un coup
d'œil fait trembler le ciel, il faut pourtant, le maître Sire, ne lui en déplaife, qu'il mette bas tout

____

(1) *Egide.* Bouclier de Jupiter, fait de la peau de fa mere
nourrice, la Chevre *Amulthée.*   doucement

doucement fa Foudre à trois pointes ; & que, quit-
tant cet air affreux par lequel, quand bon lui femble, il fait tranfir de peur toute la Cour célefte, il
defcende du fommet de fa puiffance, qu'il s'adou-
ciffe, qu'il fe familiarife, qu'il fe *dédivinife* en quelque maniere ; & quand cela ? Je n'oferois prefque
le dire : lorfqu'il eft en amour, lorfqu'il veut faire
des *Jupineaux* ; envie qui le prend fouvent, chez
lui & ailleurs. Alors, le pauvre Dieu eft obligé
de fe mafquer comme un Arlequin, pour faire un
tout autre perfonnage que celui qu'il fait fur fon
Trône.

Ne prenons que les Stoïciens : ces philofophes
font les petits Dieux ici-bas, & leur préfomption
va jufqu'à s'infatuer qu'ils font de tous les mortels, ceux qui approchent le plus de la Divinité.
Mais donnez-moi un de ces vénérables difciples de
Zenon, fût-il mille fois Stoïcien ; s'il ne coupe jamais fa barbe, parce qu'elle eft la marque, l'ornement effentiel de fa fageffe (ornement néanmoins,
dont les Boucs font parés auffi bien que lui) il ne
laiffera pas, de tems en tems, de fe *déhériffer*, de
s'humanifer, de mettre à part fa dure & auftere
morale ; enfin, il ne laiffera pas de dire & de faire quelquefois des fottifes, fur le chapitre de la
génération. (1) En un mot comme en mille, un
homme, de quelque fageffe qu'il faffe profeffion,
veut-il devenir pere ? c'eft moi ; oui, c'eft moi qu'il
doit appeller à fon fecours.

____

(1) Voy. la Fig. pag. 18.

Mais, pourquoi ne pas dire tout? Auſſi bien c'eſt
ma maniere, de parler librement. Dites-moi, je
vous prie, à quel inſtrument eſt attachée la vertu
de produire les Dieux & les hommes? Eſt-ce à la
téte, au viſage, à la poitrine, à la main, à l'oreille, tous fort honnêtes perſonnes de membres, &
auxquels on ne peut rien reprocher? Si je ne me
trompe, ce ne ſont point là les outils de la propagation. Quel eſt donc le *producteur*, *le multipli-*
cateur du genre humain? Une certaine partie qui
ne ſe nomme point, & qui eſt ſi folle, ſi ridicule,

qu'on ne sauroit la nommer sans rire. C'est-là cette fontaine sacrée, où les Dieux & les hommes puisent la vie.

O ça maintenant, quel homme voudroit abandonner sa bouche au licou du mariage, si, comme les vrais Philosophes font ordinairement, il avoit bien réfléchi auparavant sur les chagrins de cette condition-là? Quelle femme voudroit jamais se soumettre au devoir conjugal, si elle savoit, ou si elle rappelloit dans son esprit les douleurs périlleuses de l'accouchement, la peine de nourrir, d'élever, &c.? Si donc vous devez la vie au mariage, & le mariage à cette aliénation de bon sens, qui est une de mes servantes, jugez combien vous m'êtes redevables. De plus, une femme qui a passé une fois par les épines de ce lien indissoluble, & qui a la hardiesse d'y rentrer, cela ne se fait-il pas à la faveur de la Nymphe *Oubli*, ma chere Compagne? Soit dit en dépit du Poëte (1) Lucrece, Vénus elle-même n'oseroit nier que, sans notre puissance & notre protection, sa force & sa vertu languiroient.

C'est donc de cet aimable jeu, où je fais entrer les ris, les plaisirs, l'ivresse amoureuse, que sont sortis les Philosophes orgueilleux, à qui ces hommes *Angélisés*, que le vulgaire appelle Moines, ont heureusement succédé. De là sont venus les Princes & les Rois, les Evéques & les Cardinaux; & même, qui le croiroit? les Papes, trois fois Saints Peres : enfin, c'est delà qu'est aussi sortie

____

(1) *Lucrece.* Il reconnoit Vénus pour le principe de toute génération.

cette foule de Divinités Poëtiques , foule fi grande, qu'à peine le ciel peut les contenir; & fi, le ciel
eft pourtant un lieu très-vafte. Mais c'eft peu, qu'on
tienne de moi la fource & la pépiniere de la vie , fi
je ne fais voir auffi , que généralement tous les
avantages qui s'y trouvent, partent de ma libéralité.

Qu'eft-ce que cette vie-ci, fans les plaifirs vo-
luptueux ? Mérite-t-elle le nom de vie? Oh ! oh !
vous frappez des mains ? Je favois bien qu'il n'y a
ici perfonne qui foit affez fage, pour être de ce
fentiment-là : vous étes tous de trop bons fous (je
me brouille comme une folle , & je ne fais ce que
je dis) vous étes tous trop fages; car chez moi, *Folie,* c'eft *Sageffe.* Croyez-moi, ces *Barbons* même
de Sroïciens ne méprifent pas la Volupté. Ils l'ou-
tragent , ils la déchirent en public : mais ces diffi-
mulés ont leur but en cela ; & ils ne font tant de
peur du plaifir,(1)qu'afin d'en avoir meilleure part.
Mais quand ces Hypocrites, quand ces Comédiens
déclameroient de bonne foi, qu'ils me difent, de
par Jupiter, qu'ils me difent s'il y a un jour dans la
vie qui ne foit pas trifte, défagréable, ennuyeux,
dégoûtant, fâcheux, à moins que je ne m'en mêle,
& que je ne l'affaifonne de quelque plaifir? J'en
prends à témoin irrécufable ce Sophocle , qu'on
ne fauroit affez louer. Ah ! qu'il me rend juftice,
lorfqu'il dit à mon honneur & gloire: (2) *Il eft*

---

(1) Allufion à *Phlloxene* , qui fe mouchoit dans un bon
mets , pour le manger tout feul.

(2) Horace fait mention d'un homme qui fe fâchoit contre
fes amis , de ce qu'ils l'avoient guéri de fa folie.

très-doux de vivre ; mais point de Sageſſe, elle gâte là vie ! Montrons cela en détail.

Perſonne n'ignore que le premier âge de l'homme eſt le plus gai & le plus agréable. Mais qu'eſt-ce qui rend les Enfans ſi aimables ? Pourquoi les baiſons-nous, les embraſſons-nous, les chériſſons-nous ? Un ennemi même s'attendrit pour ces petits innocens, & les aſſiſte dans le beſoin. Encore un coup, d'où vient cela ? C'eſt que la nature, qui eſt une ſage Ouvriere, a imprimé tout exprès dans les enfans, un charme, un attrait de folie, afin que par-là, comme par une espece de récompense, ils puissent adoucir les peines de ceux qui les élevent, & mériter, par leurs petites caresses, la protection qu'on leur donne ensuite. Cette premiere jeunesse qui succede à l'enfance, on l'aime, on se fait un plaisir de lui être utile, de l'avancer, de la secourir. Et de qui reçoit-elle son agrément, cette adolescence ? de qui, sinon de moi, qui lui fais la grace d'être folâtre, & par conséquent de plaire & de divertir ? Je veux bien passer pour une menteuse, si, dès que les jeunes gens commencent à devenir hommes, dès que, par les instructions, par l'usage du monde, ils entrent dans ce malheureux chemin de sagesse, ils ne changent du blanc au noir. Alors leur beauté se flétrit, leur gaieté s'appesantit, ils n'ont plus cette même gentillesse ; enfin, le feu de leur vivacité s'amortit.

Car voyez-vous, Messieurs, plus l'homme s'éloigne de moi, moins il jouit de la vie ; & il fait ainsi sa route, jusqu'à ce qu'il arrive à cette fâcheuse & chagrine vieillesse, qui le rend à charge aux autres & à lui-même. Puisque je suis tombée sur la vieillesse, il ne vous déplaira pas que je m'y arrête un peu. Sans moi, que les miserables hommes seroient à plaindre à la fin de leur carriere ! Mais j'ai pitié d'eux, & je leur tends la main. Les Dieux des Poëtes ont souvent la charité de secourir, par le beau secret de la métamorphose, ceux qui périssent : c'est ainsi qu'ils transformerent Phaéton en Cygne, Alcion en Oiseau, & tant d'autres. Je les imite en quelque forte, ces bonnes Divinités. Lorsqu'une vieillesse décrépite a conduit les hommes sur le bord du tombeau, je les fais, autant que cela se peut, rentrer en enfance. Delà vient le proverbe : *les vieillards sont deux fois enfans.*

Vous me demanderez, sans doute, comment je fais cela ? Le voici. Je mene ces têtes caduques à notre Lethé ; (car, par parenthese, vous saurez que ce Fleuve prend sa source dans les Isles Fortunées, & que ce n'en est qu'un petit ruisseau qui coule dans les enfers :) je fais boire à longs traits à mes bonnes gens, de cette eau d'oubli ; & par-là, leurs soins se dissipant insensiblement, ils rajeunissent. Mais, dit-on, ils extravaguent, ils radotent déja. D'accord ; & n'est-ce pas justement cela qu'on doit appeller rajeunir ? Etre enfant, n'est-ce pas dire & faire des sottises ? Que croyez-vous qui nous plaise le plus, dans les enfans ? C'est qu'ils n'ont point de jugement. Un enfant qui parleroit, qui agiroit en homme mûr, ce seroit un petit monstre ; on ne pourroit s'empêcher de le haïr, d'en avoir une espece d'horreur. *Je hais un enfant trop sage ;* il y a bien de siecles que ce proverbe est établi. De même, qui pourroit soutenir un commerce de familiarité avec un vieillard qui joindroit à une longue expérience, toute la vigueur de l'esprit, toute la force du discernement ?

C'est donc par un effet de ma bonté, que le vieillard radote ; & il m'a l'obligation d'être délivré de tous ces soins fâcheux qui tourmentent & qui rongent le Sage. Cependant, mon radoteur n'eſt pas déſagréable en compagnie ; il boit *gaillardement* le petit coup. Je le crois bien, vraiment : il ne ſent point cet ennui, ce dégoût de la vie, que l'âge le plus robuſte peut à peine ſupporter. Il revient même quelquefois juſqu'à rapprendre les trois lettres de ce fou de vieillard dont parle Plaute, A. M. O. *j'aime.* Or, pour peu qu'il fût ſage, n'eſt-il pas vrai qu'il ſe trouveroit fort malheureux ? Mais, par un effet de ma bonté, libre de tout chagrin, de toute inquiétude, il divertit ſes amis, il eſt agréable dans la converſation. Ne voyons-nous pas chez Homere, le vieux Neſtor parler *plus doux que miel,* pendant que le féroce Achille s'évapore en emportemens ? & chez le même Poëte, certains vieillards, aſſis ſur les murailles, dire de jolies bagatelles ? A ſuivre ce raiſonnement, le bonheur de la vieilleſſe ſurpaſſe même celui de l'enfance. Les enfans ſont heureux, il eſt vrai : mais ils n'ont pas le plaiſir de cauſer, de babiller comme les vieillards, ce qui eſt une des grandes douceurs de la vie. Autre preuve de ma comparaiſon ; c'eſt que les vieillards & les enfans ont une inclination réciproque, & ſe plaiſent beaucoup les uns avec les autres.

En effet, ces deux âges ont beaucoup de rapport : je n'y trouve qu'une différence ; c'eſt que le vieillard, avec les plis & replis de ſa *face,* avec ſes rides, vous enfile une longue ſuite de générations. Pour le reſte, la blancheur des cheveux, le manque de dents, la maniere de laiſſer aller ſon corps, l'appétit du lait, le bégayement, le caquet, la ſottiſe, l'oubli, l'indiſcrétion ; en un mot, tout ſe reſſemble dans ces deux âges ;   & plus un homme avance dans la vieilleſſe, plus il ſe rapproche de l'enfance, juſqu'à ce qu'il ſorte de ce monde, comme les enfans, ſans regretter la vie, & ſans craindre la mort.

Me juge à préſent qui voudra : qu'on mette dans la balance d'un côté, ce bon office que je rends aux hommes ; & de l'autre, les métamorphoſes dont les autres Dieux favoriſent les mortels. Je n'ai pas envie de rapporter ici les horribles effets de leur colere ; je ne parle que de leur bonté. Quelle grace font - ils aux mourans, qu'ils veulent bien honorer de leur faveur & de leur protection ? Ils changent l'un en arbre, l'autre en oiſeau ; celui-là en cigale, celui-ci en ſerpent : grand effort de bienveillance ! Comme ſi paſſer d'un être à un autre être, ce n'étoit pas proprement périr. Pour moi, je fais rentrer l'homme dans le meilleur & dans le plus heureux âge de la vie. Si les hommes, s'abſtenant de tout commerce avec la ſageſſe, vouloient ne vivre que ſous mes loix, la hideuſe vieilleſſe leur feroit inconnue ; ils auroient le bonheur d'être toujours jeunes.

Regardez-moi ces mines ſombres, (1) ces viſages abattus & décharnés, qui s'enfoncent dans la contemplation de la nature, ou dans d'autres occupations ſérieuſes & difficiles: ces gens-là ſemblent ordinairement avoir vieilli avant la fin de la Jeuneſſe ; & cela, parce qu'un travail de tête aſſidu, pénible, violent, profond, épuiſe peu-à-peu les eſprits, &

____

(1) Voy. la Fig. pag. 26.

le fuc de la vie. De l'autre côté , confidérez attentivement mes fideles fujets : voyez comment ils
font dodus, gras, frais, luifans, bien nourris ; vous
diriez des (1) *Pourceaux Acarnaniens.* Affurément,
ces héureux mortels ne fentiroient jamais les infirmités de la vieilleffe, s'ils ne participoient un peu à
la contagion des fages. Cela n'arrive que trop :
mais que faire ? L'homme n'eft pas né pour jouir
ici-bas d'une félicité parfaite.

J'ai encore pour moi le témoignage d'un pro-

(1) *Pourceaux Acarnaniens.* Manger excellent.

verbe fameux, qui dit, que la feule Folie peut retarder toute la fuite de la jeuneffe, toute rapide qu'elle eft, & faire reculer de bien loin la fâcheufe vieilleffe. Sur ce pied-là, ce qu'on dit communément des Brabançons, n'eft pas fans fondement. Au lieu que chez les autres hommes, l'âge apporte la prudence; plus ceux - ci approchent de la vieilleffe, plus ils font gais; & on peut dire qu'il n'y a point de nation, ni meilleure, ni plus agréable pour le commerce de la vie, ni qui fuccombe moins fous le poids des années. Joignons aux Brabançons, ces peuples qui vivent fous le même climat & qui ont à-peu-près les mêmes manieres: ce font mes (1)Hollandois. Je puis bien me vanter qu'ils m'appartiennent: ils ont pour moi tant d'attachement, tant de zele, qu'on les a jugés dignes d'une épithete dérivée de mon nom; & bien loin d'en rougir, ils en font leur principale gloire.

Après cela, que les fots & impertinens mortels invoquent Médée, Circé, Vénus, l'Aurore, qu'ils cherchent, je ne fais quelle fontaine qui a la vertu de rajeunir, vertu qui n'a été donnée qu'à moi, & dont je fais tous les jours un ufage obligeant. Je poffede ce fuc merveilleux, avec lequel la fille de Memnon prolongea la jeuneffe de Tithon fon aïeul. Je fuis cette Vénus qui rendit Phaon, de vieux qu'il étoit, un jeune homme fi joli, fi galant, que la fameufe Sapho en devint éperdument amoureufe. A moi les herbes magiques & les en-

____

(*1*) *Hollandois* On les appelle ici fous en badinant, à caufe de leur fincérité, de leurs manieres fimples & naturelles.

chantemens, s'il y en a : à moi cette fontaine, qui non feulement rappelle une jeuneffe paffée ; mais, ce qui vaut incomparablement mieux, qui la rend durable autant que la vie. Si donc vous convenez tous de ce point-ci, qu'il n'y a rien de plus aimable que la jeuneffe, ni de plus haïffable que la vieilleffe, j'ai fujet de conclure, que vous reconnoiffez, Meffieurs, combien vous m'êtes redevables ; à moi, dis-je, qui, pour vous rendre heureux, fais retenir un fi grand bien, fais repouffer un fi grand mal.

Mais je m'arrête trop aux hommes ; laiffons-là ces machines vivantes & mortelles, bifarres & contradictoires. Parcourez tout le ciel, faites paffer toutes les Divinités en revue : je confens qu'on me reproche le beau nom que j'ai l'honneur de porter, s'il fe trouve quelque Dieu qui ne m'ait pas l'obligation de ce qu'il vaut. Pourquoi, je vous prie, Bacchus a t-il toujours le vifage & la longue chevelure d'un jeune homme ? C'eft que paffant toute fa vie dans la débauche & dans la joie, il n'a nulle liaifon avec Pallas, laiffant cette prude pour ce qu'elle eft. Enfin, tant s'en faut que ce gros *Réjoui* ambitionne le nom de Sage, qu'au contraire, il prend plaifir, dans fon culte, aux extravagances & aux folies de fes dévots. Il ne s'offenfe point du furnom de *Ridicule* que le proverbe lui donne, furnom qu'il a mérité, parce qu'étant affis devant la porte du Temple, les Laboureurs fe divertiffoient à le *barbouiller* de vin doux & de figues nouvelles, ce qui le faifoit rire de tout fon

cœur. Mais, dira-t-on, quels traits de fatire (1)
l'ancienne Comédie n'a-t-elle point lancé contre
votre cher Bacchus? Le fot, l'impertinent Dieu!
s'écrioient-ils: il étoit indigne de naître par la
voie ordinaire (2). Mais ça, de bonne foi, qui
de vous n'aimeroit pas mieux être un fat & un fot,
toujours agréable, toujours jeune, toujours diver-

____

(1) *L'ancienne Comédie, &c* Elle étoit fatyrique jufqu'à nommer les gens; ce qui obligea les Magiftrats à la défendre.

(2) On donnoit deux naiffances à *Bacchus*; l'une de fa
mere, l'autre de la cuiffe de Jupiter.

tiſſant , que d'être ce diſſimulé Jupiter , qui fait peur à tout le monde ; ou ce vieux radoteur de Pan , qui ſe plaît à faire du bruit pour inſpirer des terreurs paniques ; ou ce boiteux , ce Cocu de Vulcain, qui eſt tout enfumé de ſa forge ; ou Pallas même , qui , outre qu'elle fait trembler avec ſa tête de Meduſe & ſa Lance, ne vous regarde jamais que de travers ?

Venons à d'autres divinités. Comment Cupidon fait-il ? quel ſecret a-t-il pour ne point ſortir de l'enfance ? C'eſt que , ſe moquant du ſérieux & du ſolide , il s'en tient uniquement au badinage. Et Madame Vénus, *au blond ardent* , pourquoi ſa beauté reverdit-elle toujours ? C'eſt que nous ſommes parentes de près ; auſſi brille-t-elle comme Plutus mon pere , qui eſt de couleur d'or. De plus , s'il en faut croire les Poëtes , ou les Statuaires leurs rivaux , cette Déeſſe des amours ne paroît jamais qu'avec un air riant & bien content. Flore , qui eſt la mere des délices, n'étoit-elle pas auſſi un des premiers objets de la Religion des Romains ?

Laiſſons-là les divinités amies de la joie. Voulez-vous ſavoir la vie des Dieux bourrus & chagrins ? Demandez à Homere , & aux autres Poëtes, ils vous apprendront de jolies choſes là-deſſus ; ils vous feront voir que les Dieux ſont pour le moins auſſi fous que les hommes. Jupiter ſerre ſa foudre, il abandonne le timon de l'univers & le dérobe du ciel , pour aller courir la Grizette : je n'avance rien , dont vous ne ſoyez inſtruits. La fiere

& inabordable Diane oublie fon fexe, & perd tout fon tems à la chaffe : elle n'en eft pourtant pas moins folle de fon bel Endimion ; jufques-là, qu'en qualité de Lune, elle prend bien la peine de defcendre tout exprès de fon ciel pour venir lui offrir fes faveurs. J'aimerois mieux que ce fût (1) Momus, qui les fît fouvenir de leurs *fredaines*. Il le faifoit autrefois fort fouvent : mais les Dieux, qui n'ont pas l'ame endurante, fe trouvant fatigués de fes remontrances, & ne pouvant plus fouffrir qu'il troublât leur félicité par fa fageffe, le firent fauter du ciel en terre, de compagnie avec (2) *Até*. Ce pauvre exilé ne fait que roder, & couche dehors ; perfonne n'en veut chez foi ; il n'y a hofpitalité qui tienne. A plus forte raifon, n'eft-il pas amis chez les Princes ; car la *flatterie*, ma fuivante, regne dans toutes les cours : or, c'eft fon ennemie irréconciliable ; ils s'accordent comme le loup & l'agneau.

Les Dieux donc s'étant délivrés de la cenfure importune de Momus, & n'ayant point d'autre immortel fatyrique, s'en donnerent au cœur joie. Combien Priape ne dit-il pas de ces mots enveloppés, qui faliffent une chafte imagination ? Combien Mercure fait-il rire par fes larcins & par fes preftiges ? Il n'y a pas jufqu'à (3) Vulcain qui ne

____

(1) *Momus.* Non le Railleur, mais le Cenfeur.

(2) *Até* fignifie Querelle.

(3) *Vulcain.* Homere dit qu'il fert à table dans les feftins, qu'il fait rire les Dieux par fa démarche boiteufe, qu'il donne à boire à fa mere, & qu'il dit de bons mots pour la raccommoder avec Jupiter fon mari.

s'en méle , à la table divine : il marche pour faire voir fa belle allure ; il plaifante, il bouffonne ; enfin, il fait de fon mieux pour animer la débauche , & pour mettre la compagnie en belle humeur. Que dirai-je de Silene , ce vieux fou amoureux , qui fe fait un plaifir de danfer à une cadence ruftique, avec Polypheme & avec les Nymphes ? (1)de ces Satires demi-boucs, qui, dans leurs danfes , font cent poftures obfcenes ? Pan, avec fes fades & infipides chanfons , fait rire ces Dieux : ils écoutent de toutes leurs oreilles ; & ils aiment cent fois mieux la mufique de Pan , que celle des Mufes , fur-tout lorfque le nectar leur fume dans la tête. A propos de nectar , c'eft un plaifir de voir nos Seigneurs & Maîtres les Dieux , lorfqu'ils ont pouffé la joie d'un feftin jufqu'aux rafades ; ils difent & ils font alors tant d'impertinences , que , quoiqu'à titre de *folle* , je fois accoutumée à toutes les fottifes , je ne faurois m'empécher d'en rire. Mais il vaut mieux mettre ici le doigt fur la bouche : quelque Dieu défiant & foupçonneux pourroit nous écouter ; & en ce cas-là , je craindrois pour moi le fort de Momus.

Il eft tems que je revienne fur la terre : j'imite en cela le bon Homere, qui ne fait que monter là-haut, & defcendre ici-bas ; il eft tems, dis-je, de vous montrer en détail, que les hommes n'ont de bonheur & de plaifir , qu'autant que je leur en fais.

Premiérement, vous voyez avec quelle prévoyance la nature, cette mere, cette ouvriere du

___
(1) Voyez la Figure ci-jointe.

genre humain, a eu foin de répandre par-tout le
fel & l'affaifonnement de la Folie. Suivant la définition des Stoïciens, être fage, c'eft fe conduire
par raifon ; & au contraire, être fou, c'eft fe laiffer emporter au gré des paffions. Or, de peur que
la vie de l'homme ne fût trifte & fauvage, combien
Jupiter a-t-il donné plus de paffions que de raifon ?
Cela fe monte tout au moins à vingt-quatre fois
plus. Outre cela, il a rélégué cette (1) raifon dans
un coin de la tête, abandonnant tout le refte du
corps au défordre & à la confufion. Non content
de cela, Jupiter a mis en tête à la raifon, qui eft feule, deux terribles ennemies: l'une, la colere, qui
domine dans le cœur, dans cette forterefle des entrailles, dans cette fource de la vie : l'autre, la convoitife, qui étend fon vafte empire depuis la plus
tendre jeuneffe jufqu'à l'âge le plus décrépit. Ce
que la raifon peut contre ces deux Tyrans, on le
voit affez par la conduite ordinaire des hommes.
Elle preferit les devoirs de l'honnêteté, elle crie
contre le vice jufqu'à s'enrouer ; voilà jufqu'où s'é-
tend fon pouvoir. Mais ils fe moquent de leur Reine ; ils crient encore plus fort & plus aigrement
qu'elle; en forte que cette pauvre Princefle, n'en
pouvant plus, eft obligée de céder & de confen-
tir à tout.

Au refte, parce que l'homme eft né pour le
maniement, pour l'adminiftration des affaires, &

---

(1) Raifon. Platon la met dans le cerveau, la colere dans le
cœur ; & la convoitife dans les parties inférieures.

qu'à caufe de cela il étoit jufte d'augmenter un peu
la petite portion de raifon , Jupiter , voulant prévenir de fon mieux cet inconvénient , me confulta
là-deffus , comme fur tout le refte. Je lui donnai
un confeil digne de moi : Seigneur, lui dis-je, donnez femme à l'homme. La femme eft un fot & impertinent animal, cela eft vrai : mais elle eft naturellement douce, agréable, engageante ; & vivant
en communauté domeftique avec fon mari, elle
affaifonnera, elle adoucira, par fes manieres folâ-
tres , le chagrin de l'efprit viril.

Quand Platon a femblé douter, s'il mettroit la
femme dans le genre des animaux raifonnables, ou
dans celui des brutes, il ne vouloit pas dire que la
femme n'eft qu'une bête ; il prétendoit feulement
défigner par-là la grande folie de cet aimable animal. En effet, il eft fi effentiel à la femme d'être
folle, que celle qui veut paffer pour fage, ne fait que
doubler fa folie ; à-peu-près comme qui voudroit
oindre un bœuf, malgré lui, de la même mixtion
dont on frottoit les Athletes. Quiconque, allant
contre la nature, emploie le fard de la vertu, &
tâche de détourner fon penchant, croyez-moi, il
multiplie fes vices, il double fes défauts. Rien de
plus conforme à l'expérience, que l'ancien proverbe : *Le Singe , fût-il vêtu de pourpre , eft toujours
Singe.* De même, la femme a beau fe mafquer,
elle n'en eft pas moins femme, c'eft-à-dire folle.

Je ne crois pas que le beau Sexe prenne affez mal
les chofes, pour fe fâcher de ce que je dis-là : étant
moi-même une Dame de qualité divine, & la Fo-

lie, il me semble que je ne saurois faire plus d'honneur aux femmes, que de les affocier à ma gloire; & fi elles veulent pefer les chofes à la balance de l'équité, elles me tiendront compte de les avoir rendues beaucoup plus heureufes que les hommes.

Les femmes ont l'agrément de la beauté, qu'elles ont raifon de préférer à tout, & par les attraits de laquelle elles tyrannifent même les plus barbares Tyrans. Un homme a fouvent dans les yeux quelque chofe d'effrayant, cette peau velue, cette forêt de barbe; marques prématurées de vieilleffe, qu'il porte à la fleur de l'âge. D'où vient cela? De la prudence. Au contraire, les femmes ont les joues unies, la voix toujours grêle, la peau délicate; on diroit que toute leur vie n'eft qu'une imitation continuelle de la jeuneffe. Auffi les femmes ne s'étudient-elles à rien tant, qu'à plaire aux hommes. N'eft-ce pas là l'unique but des parures, du fard, du bain, de la frifure, des effences, des fenteurs, & de tant d'autres artifices qu'on met en œuvre pour faire valoir la beauté? Voulez-vous voir plus clairement que c'eft la Folie qui fait l'afcendant des femmes fur les hommes? Les hommes accordent tout aux femmes, dans la vue de la volupté; & par conféquent, les femmes ne réjouiffent les hommes, que par la Folie. On ne peut nier cette conféquence, pour peu qu'on réfléchiffe fur les fottifes, fur les badineries qu'un homme

fait avec une femme, toutes les fois qu'il veut éteindre sa flâme amoureuse. (1)

Je vous ai donc découvert la source du plus grand plaisir de la vie. Je conviens que certaines gens, principalement de ces vieillards, plus buveurs que galants, mettent la souveraine volupté dans la bouteille. Savoir si on peut faire un bon repas sans femme, c'est une question que je laisse indécise: mais je pose en fait, que tout repas languit, s'il n'est animé de la Folie. Cela est si vrai, que si au-

____

(1) Voyez la Figure, pag. 36.

eun des convives n'eſt fou, ou du moins ne fait ſem-
blant de l'être , on fait venir un Bouffon pour de
l'argent , ou quelque paraſite affamé , qui , par ſes
bons mots , & par ſes railleries piquantes , banniſſe
de la table le ſilence & la mélancolie. On a grande
raiſon en cela; car c'eſt bien peu de choſe , de ſe
remplir l'eſtomac de viandes exquiſes , ſi on ne
nourrit auſſi de jeux , de ris , de ſaillies plaiſantes,
les yeux , les oreilles , l'eſprit & le cœur. Or,
c'eſt moi ſeule qui ai inventé ces délices. Tous
les autres agrémens d'un feſtin , comme , tirer au
ſort à qui ſera le Roi du repas , jouer aux dés , boire à la ronde dans le même verre , chanter tour a
tour la branche (1) de Myrthe à la main , danſer,
ſauter , faire des poſtures , ſont-ce les ſept ſages de
la Grece qui ont trouvé ces plaiſirs ? Non , ſans
doute; il n'y avoit que moi qui pût s'en aviſer , &
je l'ai fait pour la conſervation du genre humain.
Toutes choſes ſont d'une telle nature , que plus
elles renferment de Folie , plus elles contribuent à
faire vivre les hommes. Sans la joie , la vie humaine ne mérite pas le nom (2) de vie ; & il faut né-
ceſſairement que vous paſſiez vos jours dans le
chagrin , ſi vous ne diſſipez pas , par cette ſorte de
plaiſirs , cet ennui qui eſt comme né avec vous.

Il ſe trouvera peut-être des gens qui, comptant

____

(1) *De Myrthe.* Chez les anciens , celui qui commençoit à
chanter à table , prenoit une branche de cet arbriſſeau ; puis
ayant fini ſa chanſon , il donnoit la branche à ſon voiſin , qui faiſoit de même; & ainſi juſqu'au dernier convive.

(2) *De vic.* Ils n'appelloient proprement vivre , que ſe réjouir.

pour rien la volupté des sens, mettent tout leur bonheur à avoir de vrais amis ; répétant souvent que
la douceur d'une tendre & fidelle amitié surpasse
tous les autres plaisirs, & qu'elle n'est pas moins
nécessaire à la vie que l'air, le feu, & l'eau. L'a-
mitié, ajoutent-ils, est si agréable, que qui voudroit l'ôter du monde, c'est comme s'il vouloit en
ôter le soleil ; elle est si honnête (terme qui ne
signifie rien chez moi) que les philosophes eux-
mêmes ne craignoient pas de la compter entre
les biens principaux. Que dira-t-on si je montre
que je suis la source & l'auteur de ce bien dont
on fait tant de cas ? Je veux pourtant vous le
prouver, non par des sophismes, ni par des argumens captieux de logique, mais grossiérement
& clairement.

Or sus, voyons. Dissimuler, s'abuser, s'aveugler sur les défauts de ses amis ; aimer même, & admirer de grands vices, comme si c'étoient des vertus, cela n'approche-t-il pas de la folie ? Cet homme qui baise une tache que son amie a apportée au
monde, ou qui prend plaisir à la mauvaise odeur
de son nez ; ce pere qui, ayant un fils louche,
prétend que son fils a les yeux de Vénus ; n'est-ce
pas une pure folie ? Confessez hautement que c'en
est une. Et moi j'ajoute, que c'est uniquement
cette folie qui forme & qui entretient l'amitié. Je
ne parle ici que des hommes, dont pas un ne vient
au monde sans défauts ; l'homme qui passe pour le
meilleur, n'étant au fond que le moins vicieux. Car
pour ces sages qui se vantent de se diviniser par leur

philosophie, ou ils ne s'unissent jamais du lien de l'amitié, ou cette amitié est une je ne sais quelle union désagréable & bourrue : encore ne font-ils liaison de cœur qu'avec très-peu de gens. Je me ferois un scrupule de dire qu'ils n'aiment absolument personne ; en voici la raison : presque tous les hommes sont fous ; (à quoi bon ce *presque ?* il n'y a pas un seul homme qui n'extravague de plus d'une maniere :) ils sont donc tous semblables en ce point-là ; or, la ressemblance est le fondement d'une étroite amitié.

Si quelquefois ces austeres philosophes s'attachent les uns aux autres par une bienveillance réciproque, cette liaison est bien fragile, & ne dure pas long-tems. Ils sont d'une humeur bisarre & difficile; trop pénétrans d'ailleurs & ayant des yeux d'aigle pour les défauts de leurs amis & la vue fort mauvaise pour se connoître eux mêmes : il n'y a pas de gens à qui la Fable de la Besace convienne mieux. Puisqu'il est donc certain que tous les hommes sont naturellement sujets à de grandes imperfections, si vous joignez à cela la différence d'âge & de penchant, tant d'égaremens, tant de faux pas, tant de revers dans cette vie mortelle ; comment le plaisir de l'amitié pourroit-il subsister une heure entre ces Argus, si la folie, ou la complaisance, comme on voudra l'appeller, ne s'en mêloit ? Jugez de l'amitié par l'amour ; c'est à-peu-près la même chose. Cupidon, cet auteur, ce pere de toute tendresse, n'a-t-il pas sur les yeux un bandeau qui lui fait prendre la laideur pour la beauté ? N'eft-ce pas lui qui fait que chacun eft content des fiens, & que le vieillard eft auffi épris de la vieille, que le jeune garçon de la jeune fille ? Cela fe fait partout, & on s'en moque : mais c'eft pourtant ce ridicule qui eft un des plus grands nœuds de la fociété, & qui contribue le plus à fon agrément.

Ce que nous venons de dire de l'amitié, penfons-le, difons-le, à plus forte raifon du mariage. C'eft, comme vous ne favez peut-être que trop, un engagement qui ne doit fe rompre que par la mort. Dieux immortels ! combien arriveroit-il dans cette condition-là de féparations, (1) & pis encore, fi l'union de l'homme avec la femme n'étoit foutenue, n'étoit fomentée par la flatterie, par le divertiffement par la complaifance, par les détours, par la diffimulation, tous gens de mon efcorte & de ma fuite ? Ah ! qu'il fe feroit peu de mariages, fi l'amant avoit la prudence de bien s'informer du jeu que fa petite maîtreffe, qui paroît fi délicate, fi honteufe, fi neuve, a joué avant les nôces ! Pour les mariages déja contractés, ce feroit bien pis encore. Que de féparations, fi la négligence ou la bêtife des maris ne les aveugloit fur la vie fecrete de leurs époufes. On traite cela de folie, & on a raifon ; mais c'eft pourtant cette même folie, par le pouvoir de laquelle la femme plaît au mari, le mari plaît à la femme, la maifon eft tranquille, l'alliance fe maintient. *On fait les cornes* à un mari ; on le nomme *cocu*, commode, & je ne fais quel

____

(1. *Et pis encore.* Comme les empoifonnemens & les homicides,

fobriquet on ne lui donne pas hors de chez lui ;
pendant que le bon-homme confole fa chere moitié, & avale, par fes tendres baifers, les larmes de
fa femme adultere. Cela ne vaut-il pas beaucoup
mieux, que de fe confumer de chagrin, que de caufer du vacarme & du tintamarre en s'abandonnant
à la jaloufie ? Conclufion : fans moi nulle fociété,
nulle union ne fauroit être ni agréable, ni ferme,
dans la vie ; fi bien que le peuple ne fupporteroit
pas long-tems fon Prince ; le maître, fon valet ; la
Dame, fa fuivante ; le précepteur, fon éleve ; l'a-

mi , fon ami ; le mari , fa femme, &c. fi tour à tour
ils ne fe trompoient , ils ne fe flattoient , ils ne fe
cédoient ; enfin, fi le tout n'étoit affaifonné de quelque grain de folie. Je ne doute point, que tout ce
que je vous ai dit jufqu'à préfent ne vous ait paru
de la derniere importance ; car la Folie doute-t-elle
de rien ? Mais vous allez entendre bien autre chofe ; redoublez votre attention.

Dites-moi, je vous prie , Meffieurs : un homme
qui fe hait lui-même , peut-il aimer quelqu'un ? Un
homme qui eft brouillé avec lui-même , peut-il
s'accorder avec un autre ? Eft-on propre à infpirer
la joie , lorfqu'on fuccombe fous le poids du chagrin ? Il n'y a qu'un fou , & plus fou que la Folie même, qui puiffe prendre l'affirmative de cette queftion. Or fi vous me banniffez , non feulement un
homme ne pourra jamais fupporter un autre homme ; mais de plus, toutes les fois qu'il s'avifera de réfléchir fur lui-même, il fe fera mal au cœur, il fe trouvera fale & puant, il fe deteftera. La nature, qui en
quantité de chofes eft plus marâtre que mere, a
donné aux hommes, principalement aux plus fenfés, une malheureufe impreffion par laquelle chacun eft mécontent de ce qu'il a , & admire ce qu'il
n'a point : d'où il arrive que tous les avantages, tout
l'agrément , toute la beauté de la vie , fe gâte , &
fe réduit à rien. De quoi fervira un beau vifage , ce
que les Dieux immortels peuvent donner de plus
précieux, s'il eft fouillé d'une mauvaife odeur ? Qu'eft
ce que la jeuneffe, lorfqu'elle fe corrompt par le
poifon de la mélancolie ? Enfin, comment, dans

toutes les fonctions de la vie, agirez-vous, soit auprès des autres, soit en votre préfence, comment agirez-vous, dis-je, avec bienféance (car c'eft le principal, non feulement de l'artifice, mais auffi de toute action, que ce que l'on fait, foit fait de bonne grace) à moins que *l'amour-propre*, cette belle Dame, que vous voyez à ma droite, & que j'ai raifon de chérir comme une fœur, tant elle prend vivement mes intérêts, à moins, dis-je, que cette Nymphe ne vous préte fon fecours? Au lieu que, vivant fous fa protection, vous êtes charmé de votre mérite, vous êtes ravi de vos belles qualités; & dès-là, vous avez le bonheur d'être parvenu à la plus haute folie. Je le répéte: fi vous vous déplaifez à vous-même, vous ne fauriez rien faire de beau, d'agréable, & qui ne péche contre la bienféance. Otez de la vie, la fauce, le ragoût de la fottife; incontinent l'orateur languira dans fon action; le Muficien, avec fes tons & fes cadences, fera pitié; on fifflera le farceur & fes poftures; on tournera le Poëte & les Mufes en ridicule; le meilleur peintre ne s'attirera que du mépris; le Médecin mourra de faim avec fes remedes: enfin, de (1) Nirée vous deviendrez Therfite; de (2) Phan, Neftor; & au lieu qu'on vous eftimoit pour votre favoir, pour votre bien-dire, pour votre politeffe, vous ne pafferez plus que pour une bête, un enfant, un ruftre. Tant il eft néceffaire

______

(1) *Nirée.* Homere dit qu'il étoit le plus beau des Grecs qui affiégeoient Troye; & Therfite, le plus laid.

(2) *Phan.* Rajeuni par Venus. Neftor vécut trois fiecles.

que chacun se cajole, se flatte, se fasse chez soi un fond d'approbation, avant que d'ambitionner celle des autres. Enfin, le bonheur consiste principalement à s'accommoder à son sort, à vouloir être ce qu'on est : or, il n'y a que ma chere Philautie, que la divine *Amour-propre*, qui puisse donner ce trésor. En vertu d'un tel bienfait, chacun est content de sa figure, de son esprit, de sa famille, de son poste, de son genre de vie, de son pays : l'Irlandois ne voudroit pas changer avec l'Italien ; le Thrace, avec l'Athénien ; le Scythe, ni le Lapon, avec un habitant des Isles Fortunées. Admirable prévoyance de la Nature ! dans une diversité infinie, elle a su égaler toutes choses. A-t-elle été avare de ses dons envers ses enfans ? En récompense, elle leur prodigue *l'Amour-propre.* Que dis-je de *ses dons* ? C'est parler follement: cet amour de soi-même n'est-il pas le plus grand de tous les avantages naturels ?

Mais pour vous faire voir que tout ce qu'il y a parmi les hommes d'éclatant, d'illustre, d'estimé, vient de moi, commençons par la guerre. On ne sauroit disconvenir que ce grand art ne soit la source des actions les plus renommées. Ce n'est pourtant qu'une folie. Deux partis se battent, Dieu sait pour qu'elles raisons ; & tous les deux reçoivent beaucoup plus de mal que de bien, de leur animosité : quoi de plus absurde, quoi de plus fou ? Ceux qui périssent à la guerre, on les compte pour rien. De plus, lorsque les armées sont en ordre de bataille & que l'air retentit du bruit des trompettes & des tambours, dites-moi, je vous prie, quel service peuvent rendre alors ces (1) sages, qui, épuisés par l'étude & par la méditation, jouissent à peine d'une vie que leur sang, dénué d'esprits & de sucs nourriciers, rend infirme & languissante ? Ce sont ces hommes épais & matétériels, robustes & hardis, mais de très-peu d'esprit ; ce sont ces gens-là qu'il faut pour le combat.

---

(1) *Sages.* Suivant *Aristote*, un sang épais produit la force & la bêtise ; & le sang subtil produit l'esprit, la foiblesse du corps & la timidité.

Ne faifoit-il pas beau voir un Démofthene fous le harnois militaire ? auffi fuivit-il le fage confeil (1) d'Archilochus : dès qu'il apperçut l'ennemi, il jeta fon bouclier, & s'enfuit à toute jambe; auffi lâche foldat, qu'il étoit excellent orateur.

Vous me direz : la guerre demande une extrême prudence. Oui, dans les Généraux : encore eft-ce une prudence particuliere au métier des armes, & qui n'a rien de commun avec la fageffe philofophique. A cela près, les parafites, les maquereaux, les voleurs, les meurtriers, les laboureurs, les ftupides, les banqueroutiers, & généralement tous ceux qu'on nomme la lie du genre humain, peuvent s'immortalifer par la valeur; ce qui ne convient nullement aux hommes attachés jour & nuit à la contemplation. Voulez-vous un grand exemple de l'inutilité des philofophes dans le monde ? C'eft le fameux Socrate. L'Oracle d'Apollon l'avoit déclaré le feul & unique fage; déclaration très-folle ! N'importe. Ce philofophe ayant entrepris je ne fais quoi pour le bien public, s'attira la moquerie de tous fes fpectateurs & fut obligé d'abandonner fon deffein. Il n'étoit pas néanmoins tout-à-fait fot, cet homme-là : il refufa conftamment le furnom de *Sage*, difant que ce titre n'eft dû qu'à la Divinité. Il eft auffi dans le fentiment qu'un philofophe ne doit jamais fe mêler du gouvernement. S'il avoit ajouté que celui qui veut paffer pour

____

(1) *Archilochus.* Les Lacédémoniens chafferent ce Poëte, parce qu'il fe vantoit, comme d'une action de fageffe, d'avoir jeté fon bouclier pour mieux fuir.

homme, doit s'abſtenir de ce qu'on appelle ſageſſe, j'aurois quelque eſtime pour lui. Or qu'eſt-ce qui a cauſé la mort à ce prétendu grand Socrate? Pourquoi fut-il condamné par Arrêt à s'empoiſonner avec de la ciguë? Pur effet de la Sageſſe! Ce philoſophe paſſe ſa vie à raiſonner (1) ſur les nuages & ſur les idéés; il s'amuſe à meſurer le pied d'une puce, à admirer le bourdonnement d'une mouche; & il ignore toute ſa vie l'art néceſſaire de ſe conformer à ſes ſemblables: voilà de nos gens: Platon qui avoit été diſciple de Socrate, voyant ſon maître menacé du ſupplice, s'ingére de plaider ſa cauſe en brave Avocat: il ouvre la bouche pour cette bonne œuvre: mais, étonné du bruit de l'aſſemblée, il demeura tout court à la moitié de ſa premiere période. Que dirai-je de Théophraſte, diſciple d'Ariſtote, & qui mérita le nom de (2) *Théophraſte* par ſon éloquence? Voulant haranguer le peuple, il ne trouve plus ſa voix; on eût dit *qu'il avoit vu le loup.* N'étoit-ce pas là un homme bien propre à encourager le ſoldat? Iſocrate, qui compoſoit tant de beaux diſcours, oſa-t-il jamais parler en public? Ciceron lui-même, ce pere de l'éloquence romaine, trembloit & bégayoit comme un enfant, à l'entrée de ſes oraiſons. Il eſt vrai que Fabius y donne un autre tour, & qu'il ſoutient que cette timidité eſt la marque d'un orateur pénétrant, & qui connoît le péril où il eſt. Mais quand

____

(1) *Ariſtophane* introdui. Socrate adorant les nuées comme des Dieux.

(2) *Théophraſte* veut dire un homme doué d'une éloquence divine.

il dit cela, n'eſt-ce pas comme s'il tomboit d'accord que la philoſophie n'eſt nullement compa-
tible avec les affaires publiques ? Comment ces ſages ſoutiendroient-ils le fer & le feu de la guerre ,
eux qui meurent de peur, lorſqu'il ne s'agit que
de combattre avec la langue ?

On fait beaucoup valoir cette belle ſentence de
Platon : *Les Républiques ſeroient heureuſes , ſi les
philoſophes gouvernoient, ou ſi les Princes étoient
philoſophes.* (1) Tout au contraire. Conſultez les
Hiſtoriens ; & ſûrement vous trouverez qu'il n'y a
point eu de Princes plus pernicieux à la République, que ceux qui ont aimé la philoſophie & les
Belles-Lettres. Mettons les deux Catons à la tête
des principaux d'un Gouvernement : (2) l'un troubla la tranquillité de Rome , par de folles & furieu-
ſes dénonciations ; (3) l'autre pour vouloir trop
ſagement les intérêts de la République , renverſa
de fond en comble la liberté du peuple Romain.
Tels furent auſſi (4) les Brutus , les Caſſius , (5)
les Gracchus , ſans oublier (6) le bon Ciceron,

(1) *Tout au contraire, &c.* C'eſt la Folie qui parle,& non pas
Eraſme.

(2) *L'un troubla, &c.* Caton le Cenſeur, qui fut accuſé qua-
rante fois , & toujours abſous ; au lieu qu'il fut auteur de plus
de 70 condamnations.

(3) *L'autre.* Caton d'Utique , qui , par ſon oppoſition à Céfar , donna lieu au renverſement de la liberté.

(4) *Les Brutus, les Caſſius.* Ces deux hommes , qu'on a
nommé les derniers Romains , tuerent Céſar ; puis étant vain-
cus , ils ſe tuerent eux-mêmes.

(5) *Les Gracchus,* Tibere & Cajus, tous deux éloquens, tous
deux ſéditieux, & qui périrent tous deux dans un tumulte.

(6) *Le bon Ciceron.* Il irrita Marc-Antoine , au grand malheur de la République.   qui,

qui , tout zélé , tout bien intentionné qu'il étoit n'a pas fait moins de mal à la République des Romains , que Demofthene à celle des Athéniens. Je veux que Marc-Antonin ait été bon Empereur : il ne me fera pas changer de thefe , puifqu'il étoit incommode à fes fujets & que même ils le haïffoient par le feul endroit de fa philofophie. Encore une fois , je veux que Marc-Antonin ait été bon Prince : toujours eft-il vrai , qu'il ne pouvoit pas rendre un plus mauvais office à la République , qu'en lui laiffant Commode fon fils pour fucceffeur ; en quoi il a caufé un plus grand malheur à l'Empire , que fon adminiftration ne lui avoit été avantageufe. Cette efpece de gens qui s'adonnent à l'étude de la fageffe , font ordinairement très-malheureux en tout ; mais principalement dans leurs enfans (1). Je m'imagine que cela vient d'une précaution de la Nature , qui empêche par-là que cette pefte de Sageffe ne fe répande trop chez les mortels. Le fils de Ciceron dégénéra ; & le fage Socrate eut des enfans qui tenoient plus de la mere que du pere ; c'eft-à-dire , comme quelqu'un l'a interprété joliment , qui étoient fous.

On auroit patience , fi ces philofophes n'étoient incapables que des charges & des emplois publics ; mais ils ne valent pas mieux pour les fonctions & pour les devoirs de la vie. Invitez un fage à un repas ; ou il gardera un morne filence , ou il interrompra fans ceffe la compagnie , par fes frivoles & importunes queftions : prenez-le pour danfer ,

____
(1) Voyez la Fig. pag. 50.   D

il s'en acquittera avec toute l'agilité d'un chameau : traînez-le aux jeux publics , sa seule mine empêchera le divertissement du peuple ; & le vénérable (1) Caton, refusant constamment de mettre bas sa gravité, sera forcé de quitter la place. Entre-t-il quelque part où la conversation est animée, tout le monde se tait, comme si on voyoit le loup. Fautil acheter , vendre , passer un contrat ; enfin , s'a_

(1) *Caton.* On rapporte de ce Censeur, qu'assistant aux Jeux Floraux, comme ceux qui devoient jouer, n'osoient le faire devant lui , à cause des femmes nues & des danses lascives , on lui ordonna de changer de visage, ou de sortir , & qu'il prit le dernier parti.

git-il de quelque action néceſſaire au-dehors dans le cours de la vie , vous le prendriez plutôt pour une ſouche , que pour un homme. Ainſi ce philo-ſophe n'eſt bon à rien , ni pour lui-même , ni pour ſon pays , ni pour les ſiens : ne ſachant ce que c'eſt que les uſages & le commerce de la vie , & étant directement oppoſé aux opinions & aux coutumes du vulgaire , il ne ſe peut pas ſans doute , que cette grande différence de ſentimens & de manie-res ne lui attire une haine univerſelle.

Tout ce qui ſe fait chez les hommes eſt plein de folie ; ce ſont des fous qui agiſſent avec des fous. Si donc une ſeule tête entreprend d'arrêter le torrent de la multitude , je n'ai qu'un conſeil à lui donner : c'eſt , qu'à l'exemple de (1) Timon , il s'enfonce dans un déſert , & qu'il y jouiſſe tout à ſon aiſe de ſa ſageſſe.

J'ai fait là un aſſez bel écart : rentrons dans le chemin que nous avons quitté. Quelle vertu, quelle puiſſance a raſſemblé dans l'enceinte d'une ville, ces hommes naturellement durs, ſauvages, ruſti-ques ? Qu'eſt-ce qui a pu apprivoiſer ces animaux farouches ? La Flatterie : c'eſt ce que ſignifie la fa-ble (2) d'Amphion & d'Orphée. Qu'eſt-ce qui a élevé le peuple romain à un tel degré de puiſſan-

____

(1) *Timon.* Ce Philoſophe Athénien , ſcandaliſé des mœurs de ſes Concitoyens , ſe retira dans une ſolitude , & rompit tout commerce avec les hommes.

(2 *D'Amphion & d'Orphée.* Selon la fable, au chant d'Amphion , les pierres s'arrangeoient d'elles-mêmes en murail-les ; ainſi fut bâtie Thebes : & Orphée , par ſa belle muſique , faiſoit remuer les chênes.

D 2

ce, qu'il ne vifoit pas à moins qu'à la conquête de l'univers? La flatterie. Mais qu'eft-ce qui a ranimé & réuni ce vafte corps, lorfqu'il étoit fur le point de tomber en morceaux ? Fut-ce un difcours philofophique ? Rien moins que cela. Ce fut une ridicule (1) & puérile fable, inventée fur l'eftomac & fur les autres membres. (2) Themiftocle produifit le même effet, par fon Apologue du Renard & du Hériffon. Que le fage emploie le plus profond raifonnement de la philofophie, réuffira-t-il comme un (3) Sertorius avec fa biche imaginaire, ou avec fa plaifante rufe des queues de cheval ? Parviendrat-il à fes fins, comme ce célebre (4) Légiflateur de Lacédémone, avec fes deux chiens? Je ne dis rien de Minos ni de Numa, qui, par des inventions fabuleufes, furent fi bien tirer parti de la fottife du peuple. Car c'eft principalement par ces niaiferies

---

(1) *Puérile Fable.* Le Peuple Romain, fe trouvant abîmé de dettes, fe fépara d'avec le Sénat, qui lui ayant envoyé l'Orateur Manenius Agrippa, celui-ci le ramena par cet Apologue, que tout le monde fait.

(2) *Themiftocle.* Le Peuple d'Athenes fe plaignant de l'avarice des Magiftrats, Themiftocle conta qu'un Renard fucé par les mouches, avoit remercié le Hériffon qui s'offroit de les chaffer, difant que le remede feroit pire que le mal.

(3) *Sertorius.* Ce Général Romain faifoit accroire aux Ibériens, que Diane lui avoit fait préfent d'une belle Biche blanche, qui l'avertiffoit de tout. Le même, pour montrer à fes foldats, que l'efprit vaut mieux que la force, fit venir un bon & un méchant cheval : puis il ordonna à un homme vigoureux, d'arracher la queue du méchant, ce qu'il fit d'abord; & à un homme foible, d'arracher la queue du bon, dont il vint à bout crin à crin.

(4) *Lycurgue* voulant faire voir aux Lacédémoniens la force de l'éducation, fe fervit de deux chiens d'une même portée, dont l'un courut à la foupe, & l'autre au lievre.

que cette grande & groſſe bête , nommée *Vulgai-*
re , ſe met en mouvement.

Je vous demande encore : quelle ville a jamais
reçu les loix de Platon & d'Ariſtote , les (1) maximes de Socrate ? Autre ondée d'interrogations :
quel motif avoient les Décius , pere & fils , pour
ſe dévouer aux Dieux des Enfers ? Par quel attrait
Curtius ſe précipita-t-il dans l'abîme , ſinon par l'at-

(1) *De Socrate.* Ces maximes ſont , qu'il vaut mieux ſouffrir
une injure , que de la faire ; que la mort n'eſt point un mal ; que
la Philoſophie n'eſt que la méditation de la mort , &c.

D 3

trait de la vaine gloire, douce & très-douce Sirene, mais qui déplaît fort à nos fages? Quelle plus grande folie, s'écrient-ils, que de careffer le peuple, pour monter aux charges, que d'acheter fa faveur par des largeffes, que de fe plaire à fes acclamations, que de fe laiffer porter par la ville, comme une image, ou fe laiffer élever comme une ftatue fur la place publique, pour être en fpectacle à la canaille? Ajoutez cet empreffément populaire à faire adopter par fon idole des titres illuftres, des furnoms glorieux. Ajoutez ces honneurs divins, qu'on rend à un homme fans mérite. Enfin, ajoutez (1) ces cérémonies publiques, qui fe font pour mettre au nombre des Dieux les Tyrans les plus fcélérats. Rien n'eft plus fou que tout cela; & un feul Démocrite ne fuffiroit pas pour en rire. Qui dit que non? En eft-il moins vrai que la Folie eft la fource de tous ces fameux exploits des Héros, que tant d'habiles gens ont élevé jufqu'au ciel? C'eft cette Folie qui engendre les villes: par elle fubfiftent le Gouvernement, la Magiftrature, la Religion, les Confeils, les Tribunaux; & je ne crains point de le dire, la vie humaine n'eft qu'une efpece de jeu, n'eft que folie. Il en eft de même des fciences & des beaux arts. Qu'eft-ce qui a

---

(1) *Ces Cérémonies publiques* Les Romains faifoient des Dieux de leurs Empereurs, quand ils étoient morts; & voici comment. On bâtiffoit une haute tour de bois; on la rempliffoit de paille & de parfums; on attachoit un aigle tout au haut: cet oifeau, délié par les flammes, s'envoloit; & comme en même tems il fe répandoit une odeur fort agréable, les fots croyoient que c'étoit l'ame du Prince qui montoit au ciel.

porté les hommes à inventer , & à laisser à leurs descendans , tant d'excellentes productions , à ce qu'on s'imagine ? N'est-ce pas la soif de la gloire ? Ils ont cru , ces maîtres fous , qu'ils ne devoient épargner ni veilles , ni sueurs , ni efforts de travail, pour se procurer une, je ne sais quelle réputation, qui dans le fond n'est qu'un beau fantôme. Mais enfin , c'est toujours à la Folie que vous êtes redevables de tant d'utilités qui sont déja dans le monde ; vous jouissez de la sottise des autres ; c'est uue des plus grandes douceurs de la vie.

Après avoir établi mon éloge sur ma force & sur mon industrie , que diriez-vous , Messieurs , si j'entreprenois de louer aussi ma prudence ? C'est , me dira quelqu'un , comme si vous vous méliez d'accorder le feu & l'eau , la folie & la prudence n'étant pas moins brouillées que ces deux contraires. J'espere néanmoins que j'en viendrai à bout : continuez seulement à me bien écouter.

Si la prudence consiste dans l'usage des choses , qui mérite mieux d'être honoré du surnom de *Prudent* , ou le sage , qui , moitié modestie , moitié timidité , n'entreprend rien ; ou le fou , que ni la pudeur (car il n'en a point) ni le péril (car il n'a pas l'esprit de le connoître) ne détourne jamais d'aucun dessein ? Le sage s'enterre avec les anciens auteurs ; & qu'est-ce qu'il apprend par sa lecture continuelle ? Des pointes d'esprit , des pensées fines, de pures fadaises. Mais le fou, en essayant de tout, & en affrontant les dangers , acquiert , si je ne me trompe, la vraie prudence. Homere, tout aveugle qu'il étoit, voyoit bien cela : Le fou, dit-il, se fait sage à ses dépens ; *il ouvre les yeux après l'action.* Deux choses empêchent principalement l'homme de bien connoître ce qui se présente à faire ; la honte qui aveugle l'esprit, qui glace le courage ; & la crainte, qui, montrant le péril, fait préférer l'inaction. Or il n'appartient qu'à la Folie, d'applanir généreusement ces difficultés. Peu de gens comprennent combien il est utile pour faire fortune, de ne rougir jamais & d'hasarder tout. S'ils font plus de cas de cette prudence qui est fondée sur le jugement, voyez, je vous prie, combien tel en est éloigné, qui se vante de la posséder ?

Toutes les choses humaines ont deux faces, aussi bien que (1) les Silenes d'Alcibiade : ce qui paroît au dehors, mortel, hideux, miserable, infame, ignorant, foible, méprisable, triste, contraire, ennemi, nuisible ; regardez-le dedans, ouvrez le Silene, vous trouverez une opposition formelle à tout ce détail là. Vous semble-t-il que je parle ici trop philosophiquement ? Hé bien ! je vais m'expliquer d'un style plus intelligible.

Vous êtes tous persuadés qu'un Roi est fort riche & qu'il est le maître de ses sujets. Mais si ce

____

(1) *Les Silenes d'Alcibiade.* C'étoient de vieux Satyres : on les nommoit Silenes, parce qu'ils tournoient autour du Pressoir, & qu'on appelloit ainsi ceux qui fouloient la grappe. Celui qui est si connu sous le nom de Silene, fut Précepteur de Bacchus ; il étoit chauve. Les Silenes étoient aussi certaines Statues risibles au dehors, mais qui renfermoient au dedans des images divines : c'est à elles qu'Alcibiade comparoit joliment Socrate, qui paroissoit lourd & stupide, mais qui avoit une ame divine.

Monarque a l'ame d'une brute , & ſi d'ailleurs il eſt inſatiable, ſi rien de tout ce qu'il a ne le contente, ne m'avouerez-vous pas qu'il eſt très-pauvre? S'il ſe laiſſe entraîner par les vices & par les paſſions, ce n'eſt plus qu'un vil eſclave. On peut philoſopher de la même maniere ſur toutes choſes: mais cet exemple ſuffit. A quoi revient-il, direz-vous? Un peu de patience, vous allez voir. Si quelqu'un s'approchant d'un comédien maſqué (1) qui joue actuellement ſon rôle, tâchoit de lui arracher ſon maſque, pour faire voir ſon viſage aux ſpectateurs ; cet homme-là ne mettroit-il pas toute la ſcene en déſordre? ne mériteroit-il pas qu'on le chaſſât comme un inſenſé , comme un furieux ? Cependant des comédiens démaſqués feroient voir tout d'un coup une nouvelle décoration : la femme ſe trouveroit être un homme ; le jeune-homme,un vieillard ; le Roi, un *pied poudreux* ; le Dieu, un homme de néant. Mais vouloir détromper les ſpectateurs, c'eſt troubler toute la repréſentation ; leurs yeux ſont retenus par ce déguiſement. Appliquons la comparaiſon. Qu'eſt-ce que la vie humaine ? Une comédie : chacun y joue ſous un perſonnage étranger, chacun fait ſon rôle ſous le maſque, juſqu'à-ce que le maître de la piece leur faſſe quitter le théâtre. Ce maître ne laiſſe pas de faire paroître ſouvent le même acteur en différent équipage : celui qui, paré ſuperbement , étoit ſur le trône , tombe dans la pouſſiere , & ſe voit couvert des haillons de l'eſclavage. A la vérité , tout n'eſt dans ce

---

(1) Chez les Anciens, les Acteurs étoient maſqués.

monde qu'une ombre, qu'une figure : mais cette grande & vaste Comédie ne se joue pas autrement.

Poursuivons : si quelque sage tombé du ciel apparoissoit ici, & qu'il se mît à crier : *Non, celui que vous vénérez comme* (1) *votre Dieu & votre Seigneur, n'est pas même un homme. C'est une bête, qui ne suit que les mouvemens de sa machine ; c'est un esclave du dernier ordre, puisqu'il sert à d'aussi vilains maitres que sont ses passions :* Si ce sage, s'adressant à un autre qui pleure la mort de son pere, l'exhortoit à se réjouir, en lui disant que cette vie-ci n'est proprement qu'une mort continuée, & que par conséquent son pere n'a fait que cesser de mourir : si, se fâchant contre ce fat qui met toute sa gloire dans sa généalogie, il le traite de roturier, de bâtard, à cause qu'il s'est tout-à-fait éloigné de la vertu seule & unique source de la noblesse : Enfin, si notre Philosophe parcourt sur ce ton-là tous les autres usages de la vie, quel sera le fruit de son déchaînement ? C'est qu'il passera chez tout le monde pour un fou, pour un furieux. Croyez moi : comme il n'y a rien de plus impertinent, que de vouloir être sage à contre-tems ; il n'y a rien aussi de plus ridicule, qu'une prudence malentendue & hors de saison. En vérité, c'est se donner un grand travers, que de vouloir se distinguer

---

(1) *Votre Dieu & votre Seigneur.* Ce sont les titres que Domitien se donnoit. Martial a dit qu'il n'y avoit pas de plus méchante bête, qu'un mauvais Prince. Diogene étant monté sur la Tribune comme pour haranguer, & criant par reprises: *Hommes, écoutez ;* on accourut en foule, & on lui demanda ce qu'il vouloit ; à quoi il répondit: *J'ai appellé des hommes, & non pas vous âutres, qui n'avez rien d'humain que la figure.*

du genre humain, de ne pas s'accommoder au
téms. On ne devroit jamais oublier cette loi, que
les Grecs établissoient dans leurs festins, (1) *Buvez, ou allez-vous-en :* autrement, c'est demander
que la Comédie ne soit plus Comédie. Par la raison des contraires, puisque la nature vous à fait
homme, il est de la vraie prudence de ne vous
pas élever au-dessus de la condition humaine. De
deux choses l'une ; ou dissimulez volontiers avec

____

(1) *Buvez, ou allez-vous-en.* Le sens moral de ce proverbe,
dont les Anciens se servoient dans leurs festins, est, qu'on doit
s'accommoder à ceux avec qui on vit, ou qu'il faut s'en separer.

tous vos femblables, ou foyez affez honnête pour
vouloir bien courir le rifque de vous tromper avec
eux. N'eft-ce pas là une autre forte de folie, diront les fages? J'en conviens: mais qu'ils m'accordent donc à leur tour, que c'eft-là faire fon
perfonnage dans la Comédie du monde.

Au refte .... Dieux immortels! parlerai-je? me
tairai-je? Mais pourquoi me taire? ce que je veux
dire eft plus vrai que la vérité même. Dans cette
incertitude, je crois que je ne ferois pas mal de prendre un milieu. J'ai envie de faire defcendre toutes
les Mufes du Mont Hélicon. Pourquoi non? Les
Poëtes appellent bien à leur fecours ces Filles
Beaux-Efprits, pour de fimples bagatelles; au lieu
que mon fujet eft de la derniere importance. Venez
donc, pour un moment, Filles de Jupiter! Je veux
faire voir que cette fageffe tant vantée, & qu'on
nomme avec emphafe la Citadelle de la Félicité,
n'eft abordable que fous les aufpices de la Folie.

Je foutiens d'abord, que toutes les convoitifes,
toutes les paffions défordonnées, font du reffort
de la Folie : c'eft ce que perfonne ne difpute. En
effet, quelle eft la différence effentielle entre le
fage & le fou? C'eft que celui-ci n'a point d'autre regle que la paffion; & que l'autre fe conduit
en tout par les lumieres de l'ame raifonnable. N'eft-
ce pas par cet endroit-là que les Stoïciens éloignent
de leur Sage toutes les agitations, tous les troubles
de l'efprit, comme autant de maladies? Cependant,
s'il faut en croire les Péripatéticiens, les paffions
tiennent lieu de Pilotes à ceux qui fe hâtent d'en-

trer dans le Port de la fageffe : ce font, pour les devoirs de la vertu, comme autant d'éperons & d'aiguillons, qui excitent à faire le bien. Il eft vrai que Seneque, ce Stoïcien à brûler, ôte abfolument au fage toutes les paffions. Oh qu'il a fait là un beau Chef-d'œuvre ! Ce n'eft donc plus un homme, que ce fage ! C'eft quelque Dieu, qui n'a jamais été en être, & qui n'exiftera jamais. Difons mieux : c'eft un homme de marbre, qui eft infenfible, & qui n'a rien d'humain. Permis à ces Meffieurs les Stoïciens, de jouir de leur fage, de l'aimer fans rival, de demeurer avec lui (1) dans la ville de Platon ; ou, s'ils l'aiment mieux, (2) dans la région des idées ; ou enfin, (3) dans les jardins de Tantale. Quelle *Efpece* d'homme, qu'un Stoïcien ! Qui ne le fuiroit comme un monftre ? qui n'en auroit horreur comme d'un fpectre ? Je veux vous le dépeindre au naturel. Il eft fourd au langage des fens : nulle paffion ; l'amour & la pitié ne font non plus d'impreffion fur fon cœur, que s'il étoit de diamant ; rien ne lui échappe ; il ne prend jamais à gauche ; c'eft (4) un vrai Lynx pour la pénétra-

(1) *Dans la ville de Platon.* Il avoit tracé le plan d'une République : mais perfonne ne voulut en être. Lucien le raille agréablement là-deffus : *Platon*, dit-il, *demeure tout feul dans fa ville.*

(2) *Dans la région des idées.* Le même Platon admettoit en Dieu les formes humaines, féparées de la matiere. Erafme badine auffi en cet endroit fur les régions fabuleufes du Soleil, de la Lune, des vents, du feu, &c.

(3) *Dans les jardins de Tantale.* Proverbe des Grecs, pour fignifier ce qui n'eft nulle part ; car ils regardoient comme une fable, ce que les Poëtes ont dit du Tartare.

(4) *C'eft un vrai Lynx.* Efpece de cerf tacheté, qui a la vue fort perçante.

tion : il confidere tout avec la derniere exactitude :
il ne fait grace fur rien , car il croit toutes les actions indifférentes : il tire tout fon bonheur de fon
propre fonds : il fe croit fur la terre le feul riche, le
feul fain , le feul Roi, le feul libre : en un mot, il fe
croit tout , & il eft feul à le croire. Pour des amis,
c'eft de quoi il fe foucie le moins ; aufli n'en a-t-il
aucun : il ne fait pas même le moindre fcrupule
de plaifanter des Dieux : enfin , il prétend que
tout ce qui fe paffe dans le monde, eft pure folie, &
il s'en moque. Voilà le portrait de cet animal,
qu'on nous propofe pour un modele accompli de
fageffe. Dites-moi, je vous prie , fi la chofe pouvoit être décidée par fuffrages , quelle ville voudroit d'un tel Magiftrat ? Quelle Armée fouhaite-
roit un tel Général ? Qui inviteroit ce Philofophe
à fa table ? Je fuis fûre qu'il ne trouveroit pas même , ni une femme , ni un valet. On choifiroit
plutôt parmi la plus folle populace, quelqu'un qui,
étant fou, fauroit commander , ou obéir aux fous ;
quelqu'un qui fût du goût de fes femblables, c'eft-
à-dire de prefque tous les hommes ; qui fût doux
& honnête envers fa femme , agréable à fes amis,
divertiffant dans un feftin , complaifant à ceux
avec qui il vit ; quelqu'un enfin , qui diroit, je fuis
homme , & par conféquent obligé à tous les devoirs de l'humanité. Laiffons-là ce fage bourru : il
me fatigue : je n'en ai parlé qu'avec répugnance.
Je paffe donc aux autres avantages de la vie.

Quand on réfléchit attentivement fur le genre
humain, quand on le regarde comme du haut d'une

échauguette (à quoi, selon les Poëtes, Jupiter passe une partie de son loisir) peut-on n'être pas touché du malheur des hommes ? Bons Dieux ! qu'est-ce que leur vie ? Ils naissent dans l'ordure ; on ne les nourrit qu'avec bien de la peine ; dans l'enfance, ils ne tiennent à rien ; la jeunesse leur coûte des travaux innombrables ; la vieillesse est une source d'infirmités ; & pour conclusion, il faut mourir. Repassons encore une fois cette déplorable course. L'horrible & diverse quantité de maladies ! tant d'accidens, tant d'incommodités ! enfin, pas un plaisir, pas une douceur, qui ne soit mêlée de chagrin & d'amertume ! Qui voudroit seulement faire l'énumération des maux que l'homme cause à l'homme, ce seroit vouloir compter ou mesurer le sable : la pauvreté, la prison, l'infamie, la honte, les tourmens, les embûches, la trahison, les outrages, les procès, les fourberies, &c. De vous dire par quel crime l'homme a mérité cette foule de disgraces, ou quel Dieu irrité l'a contraint de naître dans cet abîme de misere, c'est ce qui ne m'est pas permis à présent. Mais vous m'avouerez que ceux qui auront examiné à fond le malheur inexprimable de la condition humaine, ne blâmeront pas (1) les Filles Milesiennes, quoique d'ailleurs cet exemple fasse compassion.

Mais qui sont les plus renommés entre ceux qui, par un dégoût de la vie, ont avancé leur mort ? N'étoient-ils pas les amis & les voisins de la sagesse?

(*Filles Milesiennes.* Saillies d'une fureur qui les portoit à se faire mourir.

Pour ne rien dire de Diogene, de Xénocrate, des
Catons, des Caffius, des Brutus; souvenez-vous
de ce (1) Chiron, qui préféra la mort à l'immortalité qu'on lui offroit. Jugez par-là combien le genre
humain dureroit, fi le commun des hommes s'a-
visoit d'être sage : on auroit bientôt besoin de nouvelle boue, & d'un autre (2) Promethée. J'y mets
bon ordre : c'est moi qui entretiens les hommes
dans l'ignorance, dans l'étourderie, dans l'oubli
des maux passés, dans l'espérance d'un meilleur
fort ; & mélant ma douceur avec celle de la volupté, j'adoucis ainsi la rigueur de leur destinée. Non
seulement, presque tous les hommes aiment à vivre, mais même, ceux dont les parques finissent la
trame, ceux que la vie que depuis un nombre
d'années, ne font nullement pressés d'aller chez
les morts : plus ils ont sujet de se déplaire sur la
terre, moins ils s'y ennuyent, bien loin de trouver
leurs jours trop longs. C'est par un effet de ma
bonté, qu'on voit de toutes parts des vieillards décrépits, plus amoureux que jamais de la vie : à peine ont ils seulement figure d'homme : ils bégayent,
ils radotent, ils n'ont ni dents, ni cheveux, ils font
tout ridés, tout courbés, sans le moindre reste de
virilité ; n'importe, ils veulent vivre. Ils vont bien
plus loin, ces vieillards insensés ; ils imitent la jeunesse autant qu'ils peuvent. L'un teint ses cheveux
blancs ; l'autre cache sa tête pelée, sous une per-

----

(1) *Chiron*. Precepteur d'Achille Il refusa l'immortalité
que les Dieux lui offrirent en récompense de sa probité.

(2) *Promethée*. La fable dit qu'il fit le corps de l'homme de
l'argile.   ruque;

ruque ; celui-là se sert de dents artificielles,
qu'il a peut-être empruntées à quelque pourceau,
qui est un autre lui-même ; celui-ci devient (1)
éperdument amoureux d'une jeune fille, & fait
plus le fou auprès d'elle, que quelque jeune homme que ce soit.   Il est même à présent si commun
de voir un homme tout plié, & qui ne sauroit plus

____

(1) *Éperdument.* Les jeunes-gens sont moins fous qu'un
vieillard qui se met l'amour en tête : il ressemble au fer, par
la froideur de ses membres ; & comme le fer s'échauffe très-
difficilement, & se refroidit de même, ainsi en est-il d'un vieillard amoureux.   E

regarder que la terre où il va defcendre, de le voir, dis-je, prendre une jeune femme fans dot, & qui fera au fervice des autres, qu'on en fait prefque un fujet de louange. Mais voici une peinture encore plus divertiffante. Ce font les vieilles amoureufes: ces cadavres demi-vivans, qui femblent revenus des enfers, & qui fentent déja la charogne. Le cœur leur en dit encore : lafcives comme une chienne en chaleur, elles ne refpirent que les fales plaifirs, & vous difent franchement, que fans cette volupté, la vie n'eft plus rien. Ces vieilles chevres courent donc le jeune bouc; & quand elles trouvent un adonis, elles payent libéralement fa répugnance & fa fatigue. Cependant, ces carcaf-fes fe donnent tous les foins imaginables, pour re-tenir l'amant mercenaire dans le filet. Se plâtrer le vifage de fard ; confulter à tout moment le mi-roir ; montrer une gorge flétrie, ridée, & toute propre à exciter le vomiffement; tâcher, en chan-tant d'une voix tremblante & caffée, de réveiller la convoitife ; boire le petit coup ; danfer avec les jeunes filles ; écrire des billets-doux; voilà les moyens que ces louves emploient pour tenir leurs champions en haleine. Tout le monde crie, oh, les vieilles folles, les vieilles folles ! & ce tout le monde n'a pas tort: mais elles s'en moquent; & plongées dans les délices, profitent du bonheur que je leur procure. Je fais une queftion à ceux qui plaifantent là-deffus : Ne vaut-il pas mieux être fou, & vivre dans la joie, que d'être fou à fe dé-fefpérer, & à s'aller pendre ? Mais, dit-on, il y a

de l'infamie à vivre comme vos vieux & vos vieilles. Soit. Hé! qu'importe à mes fous? Ils font insensibles sur le déshonneur; ou s'ils le sentent, ils étouffent aisément le remords. Mes bons & fideles sujets philosophent à leur maniere; ils distinguent très-bien le mal réel, d'avec le mal imaginaire. Une pierre vous tombe sur la tête? Voilà ce qui s'appelle un mal: mais la honte, l'infamie, les reproches, les malédictions, tout cela ne blesse qu'autant qu'on veut. Dès que vous ne vous en souciez point, ce ne sont plus des maux. Le public me déchire , & moi j'en fais gloire ; en quoi fuis - je malheureux ? Or il n'y a que moi qui puiſſe vous élever à ce haut degré de perfection ; c'eſt-là comme ma derniere faveur. Quoi donc, ajoute le ſage en ſe récriant, eſt-il rien de plus miſérable que d'être attaqué de folie? N'eſt-ce pas vivre dans l'erreur, dans l'abus, dans l'ignorance? Point du tout : c'eſt être homme. Je ne conçois rien à votre entêtement : vous traitez mes fous de miſérables ; & vous êtes nés, tournés, élevés, inſtruits tout comme eux ; c'eſt le ſort commun de votre eſpece.

Il y a, ce me ſemble, un grand ridicule à plaindre un être qui eſt dans ſon état naturel. Déplorerez-vous le malheur de l'homme , en ce qu'il n'a point d'ailes pour voler , comme les oiſeaux ; en ce qu'il ne marche pas à quatre pieds , comme les bêtes ; en ce qu'il n'eſt pas armé de cornes , comme les taureaux ? Par la même raiſon , déplorez auſſi le ſort d'un beau cheval, de ce qu'il n'a point appris ſa grammaire , & de ce qu'il ne mange point de pâtiſſerie ; plaignez un taureau, de ce qu'on ne le dreſſe point au manege , aux exercices de l'Académie. Comme donc un cheval qui ne ſait ni A , ni B , n'eſt pas miſérable, de même un fou ne ſauroit être malheureux , la folie étant naturelle à l'homme. Les ſubtils raiſonneurs , mes antagoniſtes , me pouſſent ici une nouvelle botte. L'homme, diſent-ils , a ſeul entre tous les animaux, le beau privilege de connoître les ſciences & les arts ; & il s'en ſert pour ſuppléer par ſon eſprit au défaut de la nature. N'avez-vous que cette flêche-là dans

votre carquois ? je ne la crains guere. La nature
donne aux moucherons, aux herbes, aux fleurs,
tout ce qu'il leur faut ; & cette bonne mere aura-
t-elle refufé quelque chofe à l'homme, de ce qui
lui convient ? Fi donc ! vous n'y penfez pas. La
nature veille à la production de tous les êtres ; &
elle fe fera endormie pour l'homme, qui eft fon
plus bel ouvrage ? Y a-t-il la moindre ombre d'apparence à cela ? Ces fciences, ces arts que vous
faites fonner fi haut, ne viennent nullement de la
nature : ce fut un certain génie, (1) nommé Theutus, grand ennemi du genre humain, qui les inventa, au grand malheur des hommes : car, bien
loin que les difciples contribuent à cette félicité
pour laquelle on prétend qu'elles ont été découvertes, tout au contraire, elles y nuifent extrêmement. Il avoit bien raifon, ce fage & prudent
Roi, qui blâme fi finement (2) chez Platon l'invention de l'alphabet.

-----

(1) *Nommé Theutus.* Voici comment Socrate en parle chez
Platon. „ J'ai oui dire, près de Naucratis en Egypte, qu'il y
„ avoit eu un des anciens Dieux, à qui on a confacré l'oifeau
„ nommé Ibis ; ce Démon, ou ce Dieu, s'appelloit Theuth :
„ que ce fut lui qui inventa les nombres, la Géométrie, l'Aftro-
„ nomie, les jeux de hafard & l'alphabet. Thamus regnoit
„ alors fur toute l'Egypte, & dans une puiffante ville que les
„ Grecs appellent la Thebe d'Egypte. Theuth étant venu trou-
„ ver ce Monarque, lui montra fes inventions, & dit qu'il
„ falloit les communiqur aux Egyptiens.

(2) *Chez Platon.* Au même endroit qu'on vient de citer. Le
Roi demanda à Theuth, de quelle utilité feroient ces lettres
alphabétiques ? Pour foulager la mémoire, répondit-il : mais
le Prince répliqua que ce feroit tout le contraire, parce que
les hommes, s'appuyant fur le fecours de ces caracteres, met-
troient tout fur le papier & ne retiendroient rien.

E 3

Difons-le donc hardiment : le favoir & l'induftrie fe font fourrés dans le monde, comme les autres peftes de la vie humaine : ils ont été trouvés
par ces mêmes efprits qui ont été les auteurs de
tous les maux ; je veux dire par les Démons, qui
ont même tiré leur nom (1) de la fcience. On ne
connoiffoit point tout cela dans le fiecle d'or ; &
les hommes d'alors, fans méthode, fans regles, fans
inftruction, vivoient heureux fous la conduite de la
nature & par fon feul inftinct. En effet, de quel ufage la grammaire eût-elle été en ce tems-là ? Il n'y
avoit qu'un feul langage, & on ne parloit que pour
fe faire entendre. Il n'étoit pas befoin de logique,
puifqu'ayant tous le même raifonnement, la contrariété des opinions ne produifoit point de difputes. De quoi auroit fervi la rhétorique dans cet âge-
là, où il n'y avoit ni procès, ni plaidoyers, ni
fermons ? Un Légiflateur eût été alors fort inutile ?
car, point de mauvaifes mœurs, (2) point de loix.
Au refte, ces trop heureux mortels avoient (3)
trop de Religion, pour fouiller, par une curiofité
impie, dans les fecrets de la Nature, pour étu-
dier les mefures, les mouvemens, les effets, les
caufes cachées des aftres, croyant qu'il n'eft pas
permis à un petit être comme l'homme, de vouloir paffer les bornes de fa portée. Quant à l'envie

____

(1 *De la Science.* Les Grecs appellent les Savans, Demons,
d'un vieux mot qui fignifie *j'apprends, je fais:* d'ou les Grammairiens croyent que le terme Démon eft derivé

(2) *Point de Loix.* Car ce font les mauvaifes mœurs qui ont
donné lieu aux bonnes loix ; comme les maladies à la Médecine.

(3) *Ils avoient trop de Religion, &c.* Socrate s'en abftenoit,
difant, que ce qui eft au-deffus de nous, ne nous regarde point.

de favoir ce qui eft au-delà du ciel , cette extravagance ne leur entroit pas même dans l'efprit.

Tel étoit le fiecle d'or. Les hommes perdant peu-à-peu cette heureufe innocence , les génies, comme j'ai dit , inventerent les arts , mais en petit nombre , & qui furent reçus de peu de gens. Dans la fuite , (1) les Chaldéens par leur fuperftition , & les Grecs par leur oifive légéreté , en trouverent mille autres, tous admirables pour tourmenter l'efprit ; la grammaire feule étant plus que fuffifante pour faire paffer toute la vie dans la torture. De tous ces arts , on eftime davantage ceux qui approchent le plus du fens commun, c'eft-à-dire , felon moi , de la folie. Mais de quel rapport font-ils ? Les entrailles des Théologiens crient famine ; les Phyficiens fe morfondent ; on fe moque des Aftrologues ; on méprife les Dialecticiens : il n'y a que le Médécin ; celui-là fait autant lui feul, que tous les autres enfemble. (2) D'ailleurs, cette profeffion de Médecine a un grand avantage ; c'eft que , plus celui qui la pratique eft ignorant , hardi , téméraire , plus il eft eftimé des grands. J'ajoute que la Médecine , principalement de la maniere qu'on l'exerce aujourd'hui, n'eft qu'une portion de la flatterie ; ce qui lui eft affurément commun avec la Rhétorique.

Après les Médecins , marchent immédiatement les Légiftes & les Jurifconfultes. Je ne fais fi ces

____

(1) Voyez la Fig. pag. 72.

(2) *Les Chaldéens.* Ils inventerent l'Aftrologie & la Magie : Erafme les traite de fuperftitieux, parce qu'ils attribuoient la divinité aux étoiles.   E 4.

ſuppôts de Thémis ne devroient point avoir l'honneur du pas ſur les Prétres d'Eſculape : entre eux le débat. Ce qu'il y a de vrai, c'eſt que les Philoſophes preſque unanimement ſe moquent des Docteurs en Droit, nommant cette profeſſion une ſcience d'âne. Anes tant qu'on voudra ; ce ſont pourtant ces interprêtes des loix qui réglent toutes les affaires : ces Meſſieurs s'enrichiſſent à leur métier, pendant que le pauvre Théologien eſt réduit à manger ſes feves, & à faire une guerre continuelle à ſa vermine.

De tout ce que vous venez d'entendre fur les Sciences, je forme cet argument. Les arts les plus utiles font ceux qui ont le plus de rapport avec la folie : donc ces hommes-là font parfaitement heureux, qui, n'ayant aucun commerce avec les Sciences fpéculatives & pratiques, prennent la feule nature pour leur guide. Elle n'eft défectueufe en rien, & on ne peut s'égarer en fuivant exactement & fidellement fes impreffions. La nature hait le fard ; & tout ce qu'elle produit fans artifice, est toujours ce qui vient le plus heureusement.

Permettez-moi d'insister un peu sur cette matiere. N'est-il pas vrai que, parmi tant de différentes
especes d'animaux, ceux-là vivent le plus agréablement, qui ne sont sujets à aucune discipline, &
qui n'ont que la nature pour maîtresse? Quoi de
plus heureux, quoi de plus admirable, que les
abeilles! Ces insectes, qui n'ont pas même tous les
sens du corps, bâtissent mieux que les plus habiles
Architectes. Leur République est si bien entendue!
les Philosophes n'en pourroient pas imaginer une
semblable. Opposons le cheval aux abeilles : parce que cette bête a quelque chose du sentiment humain, parce qu'il a eu le malheur de passer au service de l'homme, il a aussi sa bonne part aux infortunes de son maitre. N'arrive-t-il pas souvent que
cet animal domestique, plutôt que de reculer dans
une bataille, bat des flancs, se met tout hors d'haleine; & lorsqu'il marque le plus de courage,
comme si l'ambition de vaincre le transportoit, il
reçoit un coup mortel, qui jette par terre & le Cavalier & le cheval, & qui leur fait mordre à tous
deux la poussiere? Je ne dirai rien de la dureté du
mords, de la piquûre des éperons, de la prison
nommée l'Ecurie, des fouets, des bâtons, des
liens, de la pesanteur du Cavalier, enfin, de tous
les fruits amers de cette servitude, à laquelle le
cheval, à l'imitation de plusieurs Princes, s'est livré, par un trop grand desir de se venger du cerf
son ennemi. La vie des mouches & des oiseaux est

bien plus souhaitable : la nature, qui les a fait li-
bres, a soin de les nourrir, & ils n'ont à craindre
que les embûches des hommes. Lorsque les oiseaux en cage s'accoutument à parler, vous ne
sauriez croire combien ils perdent de leurs agrémens naturels. Tant il est vrai de toute maniere,
que les productions de l'ouvriere commune sont
beaucoup meilleures que celles de l'art & de l'invention.

Sur ce pied-là, je ne puis vous exprimer combien j'estime Pythagore transformé en coq. Par
la vertu de la Métempsycose, il avoit passé par toute sorte de conditions : Philosophe, homme, femme, Roi, particulier, poisson, cheval, grenouille ;
je crois même qu'il avoit été éponge. Après toutes ces transmigrations, il déclara l'homme le plus
malheureux des animaux : tous les autres, c'étoit-
là sa raison, s'en tiennent uniquement à la nature ;
l'homme seul veut aller plus loin. Le même Pythagore faisoit incomparablement plus de cas des
idiots, que des doctes & des grands. C'étoit aussi
le sentiment de Grillus, un des compagnons d'U-
lysse : changé en cochon par la Sorciere Circé, il
aima mieux grogner en repos & à son aise dans l'é-
table, que de courir avec son Général de nouveaux
hasards & de nouvelles aventures. Homere, ce
célebre Inventeur du prétendu commerce des
Dieux avec les hommes, ce pere de la fable, paroît être dans le même principe : il appelle généralement tous les hommes des misérables ; il dit
que la mort les environne de tous côtés ; il n'en ex-

c pte pas même Ulyſſe ſon Héros, & à ce qu'il dit,
le favori de Minerve, le grand modele de prudence. Ce Poëte lui donne ſouvent l'épithete d'*infor-
tuné* ; mais il ne parle pas de même de Paris, d'A-
jax, ni d'Achille, qui étoient des fous : au contraire, parce qu'Ulyſſe étoit fin, ingénieux, qu'il avoit
l'oreille de la prude Pallas, & qu'il préféroit en tout
le conſeil de cette Déeſſe à l'impulſion de la nature,
Homere déplore le malheur de ce Roi d'Ithaque.

J'en reviens donc toujours à ma theſe : ceux
qui s'appliquent à l'étude de la ſageſſe, ſont très-
éloignés de la félicité : doublement fous, en ce
qu'ils voudroient vivre comme les Dieux, & que,
à l'exemple (1) des Géans, ils font la guerre à la
nature, avec les (2) machines des arts. Les choſes étant ainſi, je tire cette conſéquence. Donc
ceux-là ſont les vrais bienheureux, qui approchent
le plus des bêtes, & qui n'entreprennent rien au-
deſſus de l'homme. Ça, voyons ſi on pourroit ap-
puyer cela ſur le raiſonnement des Stoïciens,
mais ſans y chercher tant de façons. Dieux immortels, ſoyez-en les Juges ! Eſt-il au monde une
ſorte d'hommes plus heureux, que ces gens qu'on
appelle ordinairement fous, inſenſés, fats, inſipides ? Ah ! les beaux noms, ſelon moi ! Je veux vous
dire une choſe : vous la prendrez d'abord pour une
extravagance, pour une abſurdité ; qu'importe ?

---

(1) *Géans.* Ce ſont ceux qui firent la guerre aux Dieux : Ciceron entend par cette fable, les efforts qu'on fait contre la
nature.

(2) *Machine.* Il explique la métaphore par le terme propre ;
car c'eſt avec les machines de guerre qu'on prend les villes.

Je ne la dirai pas moins, parce que rien n'eſt plus vrai.

Ces hommes qui paſſent pour être dépourvus de ſens, ne craignent point la mort ; & cette crainte, j'en jure par Jupiter, cette crainte n'eſt pas un petit mal : ils ſont exempts des cruels remords de la conſcience : les fables des Manes & des Ombres ne les épouvantent point : ils n'ont nulle peur des fantômes, des loups-garoux, des lutins, des eſprits : point d'inquiétude ſur les malheurs dont ils ſont menacés ; point d'impatience ſur l'eſpérance des biens à venir : enfin, pour renfermer tout en peu de mots, ils ne ſont point rongés de mille ſoins auxquels la vie eſt ſujette ; la honte, l'appréhenſion, l'ambition, l'envie, l'amitié, rien de tout cela chez eux ; & ils ont le bonheur de ne différer des bêtes que par la figure : ils ſont impeccables ; demandez-le aux Théologiens. Cela ſuppoſé, rentrez en vous-même, inſenſé partiſan de la ſageſſe ; peſez, examinez attentivement, combien de peines d'eſprit vous tourmentent jour & nuit ; remettez-vous devant les yeux, comme en un tas, tous les déſagremens de votre vie ; & jugez de là du bonheur que je procure à mes fous. Non ſeulement ils jouiſſent d'un plaiſir continuel, riant, jouant, chantant toujours ; mais même ils apportent la joie par-tout où ils vont : il ſemble que les Dieux ont la bonté de les donner aux hommes, pour adoucir les chagrins de la vie humaine. Remarquez encore une diſtinction, qui fait honneur à mes ſujets. Les hommes ſont différemment diſpoſés de cœur les uns envers les autres : mais pour les fous, tous les hommes ſe font un plaiſir de les avoir, comme s'ils les reconnoiſſoient pour leur appartenir : on les ſouhaite avec paſſion ; on les embraſſe, on les entretient, on les nourrit, on les ſecourt dans leurs accidens ; enfin, on leur permet de tout dire, & de tout faire. Non ſeulement perſonne ne cherche à leur nuire ; mais de plus, les bêtes même, comme par un ſentiment naturel de leur innocence, (1) répriment devant eux leur férocité naturelle. La Religion veut cela : les fous étant conſacrés aux Dieux, & principalement à moi, il eſt juſte de les reſpecter.

Mes Sectateurs ont encore d'autres prérogatives ; & j'aurois grand tort de les ſupprimer. Les plus grands Princes (2) ne font-ils pas leurs délices de ces gens-là ? Les Monarques n'ont pas de plus agréables heures, que celles qu'ils paſſent avec leurs fous. Quelle différence ne mettent-ils pas entre leurs Bouffons, & ces ſages fades & bourrus qu'ils nourriſſent pour ſe faire honneur ? Elle n'eſt pas ſurprenante, cette différence. Les Philoſophes ne diſent ordinairement rien que de triſte ; & ſe confiant en leur ſavoir, ils prennent quelquefoi la liberté de dire des vérités qui ne plaiſent pas. Il en eſt tout autrement des fous ; ils donnent ce que les Princes ſouhaitent le plus, des bons mots, des railleries, des pointes ſatyriques, des

---

(1) *Répriment.* On voit par expérience, & non ſans étonnement, que les chiens, comme s'ils reconnoiſſoient la ſimplicité de la nature, épargnent les enfans & les fous.

(2) Voyez la Fig. pag. 79.

faillies à faire éclater de rire. Remarquez, chemin faisant, le beau privilege des Bouffons : eux
seuls sont en droit de parler sincérement. Quoi
de plus estimable que la vérité ? On l'attribue communement au vin & à l'enfance : c'est
ne pas s'y connoître. A moi, oui, à moi appartient principalement la gloire de la sincérité.
Chez celui qui a l'honneur d'être fou, l'esprit,
le cœur, le visage, la bouche, tout est d'ac-

cord. Les sages ont (1) deux langues ; l'une, pour dire ce qu'ils pensent ; l'autre, pour parler selon le tems : ils ont, quand il leur plaît, le talent de blanchir le noir ; ils soufflent (2) le chaud & le froid ; leurs paroles sont de fausses & infidelles images de leurs idées & de leurs sentimens.

Je ne puis m'empêcher ici de plaindre les Princes. Qu'ils sont malheureux, au faîte de la Fortune ! Inaccessibles à la vérité, ils n'ont que des flatteurs pour amis. Ils ne doivent s'en prendre qu'à eux-mêmes, dira quelqu'un : pourquoi se font-ils un rempart d'amour-propre, contre la sincérité de ceux qui leur parlent ? N'est-ce pas par cet endroit-là qu'ils se déplaisent dans la compagnie des Philosophes ? Les Monarques craignent que, parmi ces *Anti-hommes*, ou sages, car c'est la même chose, il ne s'en trouve quelqu'un qui vise plus à corriger, qu'à divertir. Je réponds à cela : Vous avez raison ; les Princes ne peuvent souffrir qu'on leur dise leurs vérités ; rien n'est plus certain. Mais c'est-là aussi ce qui fait le plus d'hon-

____

(1) *Deux langues.* C'est une pensée d'Euripide : chacun, dit-il, a deux langues ; l'une pour le vrai, & l'autre pour s'accommoder au tems.

(2) *Le chaud & le froid.* C'est une allusion à la fable qu'Anian conte ainsi. Un Paysan reçut chez lui un Satyre. Comme il faisoit extrêmement froid, le Paysan souffloit dans ses doigts. Pourquoi fais-tu cela, demanda le Satyre ? Pour m'échauffer, répondit le bon homme. S'étant mis à table, on présenta un mets fort chaud ; & l'hôte de souffler & resouffler dans sa cuillere. Encore ? s'écria lors le Satyre : & pourquoi cette fois-ci ? Pour refroidir la bouillie, répartit le Paysan. Alors le Satyre se leva fort indigné, & disant qu'il ne vouloit avoir aucun commerce avec de telles gens, il s'en alla au plus vite.

neur

neur à mes fous : ils ne diſſimulent point les défauts & les vices des Rois. Que dis-je ? ils les in-
ſultent, ils les iujurient, ſans que ces maîtres du
monde s'en fâchent, s'en offenſent : & des paroles qui feroient pendre Monſieur le Philoſophe,
s'il les proféroit, ſortent-elles de la bouche d'un
fou ? le Prince en rit de tout ſon cœur. Naturellement, la vérité fait plaiſir, quand elle ne bleſſe
point : or il n'y a qu'aux fous que les Dieux ont
donné le privilege ſingulier de moraliſer, de re-
prendre, ſans choquer. C'eſt à-peu-près par les
mémes raiſons, que les femmes ſe plaiſent fort avec
les Bouffons, ce ſexe étant plus enclin au plaiſir
& au badinage. (1) D'ailleurs, quelque choſe que
les Dames faſſent avec ces gens-là, & quelquefois
elles font tout, cela ne leur paroît qu'une badinerie, qu'un paſſe-tems ; car la femelle de l'animal
prétendu raiſonnable eſt merveilleuſement ingé-
nieuſe à pallier, à couvrir ſes échappées.

Pour revenir donc au bonheur des fous : ils paſſent toute leur vie avec beaucoup d'agrément ;
après quoi, ſans craindre ni ſentir la mort, ils vont
tout droit dans les Champs Elyſées, où leurs ames
pieuſes, mais fort déſœuvrées, recommencent de
plus belle à ſe divertir. Comparez à préſent la deſ-
tinée de quelque ſage que ce ſoit, avec le ſort d'un
fou. Repréſentez-vous, figurez-vous cet homme
vénérable, ce grand modele de ſageſſe, que les ſots
regardent avec admiration : comment fait-il ſon
paſſage ſur la terre ? Attaché depuis ſon enfance à

---

(1) Voyez la Fig. pag. 82.   F

la chaîne de l'apprentissage & de l'étude, il consume ses agréables années dans les soins & dans les efforts du travail. Est-il hors de cet esclavage, il n'en est pas plus heureux: toujours contraint d'épargner, pauvre, triste, bourru, dur à lui-même, insupportable aux autres, pâle, maigre, infirme, chassieux, usé avant le tems, & mourant de même: qu'il meure jeune, qu'il meure vieux, que lui importe? Vivre, n'est-ce pas jouir des douceurs de la vie? Or on peut dire dans ce sens-là, que notre homme n'a jamais vécu. Que vous semble de ce portrait du sage? N'est-il pas beau?

(1) Ces grenouilles de Stoïciens ne manqueront pas de revenir à la charge. Mais quoi, diront-ils, une insigne Folie approche bien de la fureur, ou plutôt, c'est la fureur même. Qu'est-ce que c'est que d'être furieux? N'est-ce pas avoir l'esprit égaré? Pitoyable race, que ces Philosophes: le plus souvent ils ne savent ce qu'ils disent. Ça, je veux encore détruire, ruiner cette batterie-là, s'il plaît aux Muses. Je ne conteste point la subtilité de ces Stoïciens: mais pour peu qu'ils souhaitent qu'on les croye de bon-sens, ils doivent distinguer deux sortes de Folie, à-peu-près de même qu'on distinguoit autrefois deux Vénus, & deux Cupidons. Toute fureur ne rend pas malheureux. Si cela étoit, Horace n'auroit pas nommé une fureur aimable, cette verve qui emporte les Poëtes & qui leur découvre l'avenir; Platon n'eût pas compté entre les principaux avantages de la vie, la fureur des Poëtes, des Prophetes, & des Amans; la Sibylle des Cumes n'eût pas employé ce terme pour exprimer les peines & les fatigues d'Énée.

Il y a donc deux genres de fureur: l'une vient du fond des enfers, & ce sont les furies qui l'envoient en ce monde: ces divinités noires & vengeresses font pour la terre un détachement de leurs Serpens, toutes les fois qu'il leur prend envie de se divertir à tourmenter les mortels. Delà vient l'ardeur de la guerre, la soif hydropique &

---

(1) *Ces Grenouilles de Stoïciens.* D'anciens Auteurs ont appellé Grenouilles d'Egypte, les Logiciens & les Sophistes, à cause de leur chicane importune.

dévorante des richeſſes, l'infame & abominable
amour, le parricide, l'inceſte, le ſacrilege, le dé-
chirement de conſcience, & toutes les autres peſ-
tes ſemblables dont les furies ſe ſervent pour mettre les hommes dans une affreuſe agitation.

Mais il eſt une autre fureur, tout oppoſée à la
précédente: c'eſt moi qui en fais préſent aux hommes; & ils devroient la ſouhaiter, comme le plus
grand de tous les biens. En quoi penſez-vous que
cette Folie conſiſte? Dans une certaine aliénation
d'eſprit, qui ôte tout chagrin, & qui cauſe pluſieurs plaiſirs. Ciceron écrivoit (1) à ſon ami Atticus, que cette Folie devoit être un grand effet de
la bonté des Dieux, puiſqu'elle étouffoit le ſentiment de tous les maux. Un je ne ſais quel Grec
étoit dans le même principe: ſon hiſtoire eſt aſſez
plaiſante; il faut que je vous en régale. Cet homme-là étoit fou dans toutes les regles: aſſis tout
ſeul, depuis le matin juſqu'au ſoir, ſur le théatre,
& ſe croyant toujours à quelque beau ſpectacle,
quoiqu'il n'en fût rien, il rioit, il applaudiſſoit,
il ſe réjouiſſoit. D'ailleurs, honnête-homme pour
les devoirs de la ſocieté; complaiſant & fidele à
ſes amis; doux, affable, facile envers ſa femme;
indulgent à ſes eſclaves, & qui ſavoit fort bien
connoître au bouchon la bonne ou la mauvaiſe
bouteille. Ses parens le guérirent à force de dro-

_____

(1) *A ſon ami Atticus.* Celui-ci avoit reproché à Ciceron,
qu'il y avoit de l'excès dans la douleur que la tyrannie du
triumvirat lui cauſoit, & que même il donnoit lieu de croire
à quelques-uns, qu'il avoit perdu l'eſprit. Ciceron répondit,
qu'il avoit encore tout ſon bon ſens; mais qu'il voudroit devenir fou, pour ne plus ſentir tant de malheurs.

ues : mais lui, revenu tout-à-fait dans ce qu'on appelle très-mal-à-propos le bon fens, leur fit cette belle & judicieufe apoftrophe : " O mes amis ! qu'avez-vous fait ? Vous prétendez m'avoir guéri ? Abus, abus ; vous m'avez tué. Plus de plaifir pour moi : on m'a tiré par force, d'une erreur qui faifoit toute ma félicité „. Ce convalefent avoit raifon ; & ceux qui, par l'art de la Mécine, procurerent le rétabliffement de fa cervelle, avoient plus befoin (1) d'Ellébore que lui.

Après tout, favoir fi on doit nommer Folie, toutes les erreurs des fens & de l'efprit ; c'eft fur quoi e n'ai pas encore prononcé. Si quelqu'un à la vue affez mauvaife pour prendre un mulet pour un âne ; fi, n'ayant pas la jufteffe du difcernement, il admire de méchans vers, on dit tout auffi-tôt, il eft fou. Si un homme eft affez fingulier dans fes jugemens, pour s'imaginer toujours, lorfqu'un âne brait, entendre une agréable fymphonie ; ou pour fe croire, dans fa pauvreté, auffi riche (2) que Créfus ; on ne manque pas de le traiter de fou. Mais fi cette folie fait plaifir, comme cela arrive prefque toujours, elle divertit & ceux qui l'ont, & ceux qui la voyent. Cette forte d'extravagance eft beaucoup plus étendue qu'on ne croit

---

(1) *D'Ellébore.* Herbe médicinale, & bonne pour les mélanloliques, & pour les infenfés. Il y en a de noir & de blanc.

(2) *Que Créfus.* Ce Roi de Lydie fut le plus riche de la terre. Demandant un jour à Solon, s'il n'étoit pas le plus heureux des hommes : Sire, répondit le Philofophe, vous me paroiffez extrêmement opulent ; vous avez un grand Royaume ; mais je ne répondrai à votre queftion, que quand vous ferez mort heureux.

communément. L'expérience fait voir aussi, qu'un fou se moque de l'autre, & que tous deux se divertissent tour-à-tour : souvent même, c'est le plus fou qui rit de meilleur cœur que le moins fou. Mais enfin, voici mon Arrêt : Plus un homme abonde en différentes folies, plus il est heureux, pourvu néanmoins, qu'il ne sorte pas du genre d'extravagance qui nous est particulier ; genre si vaste, si général, que je doute qu'on puisse trouver dans toute l'espece humaine, un seul individu qui soit sage à toute heure, & qui n'ait pas son grain de folie.

Qu'un homme, par le déréglement de l'imagination, prenne une citrouille pour une femme, on ne hésite pas à dire, c'est un fou. Pourquoi ? parce que cette maladie de cerveau est très-rare. Mais qu'un sot de mari adore sa femme, quoiqu'elle lui plante une forêt de cornes sur le front ; qu'il la croye aussi chaste que Penelope, & qu'il se félicite en lui-même, qu'il bénisse son destin, d'avoir épousé une telle Lucrece ; on ne s'avisera point de le taxer de folie. Pourquoi ? c'est qu'il n'y a rien de plus ordinaire. (1) Il faut mettre dans la même classe ceux qui méprisent tout hors la chasse, & qui, de leur propre aveu, ne conçoivent pas un plus grand plaisir, que celui d'entendre le vilain son du cor, ou l'aboyement des chiens. Quand les excrémens de ces bêtes frappent l'odorat du chasseur, je me figure qu'il croit sentir (2) du Cinna-

(1 Voyez la Figure ci-jointe.

(2 Cinnamome, Arbrisseau dont le bois est odoriférant, assez sembla ble; l'arbre appellé canelle.

Pag. 86

mome. S'agit-il de mettre la proie en pieces? O quelle volupté! Affommer, égorger, démembrer les bœufs & les moutons; fi! cela ne convient qu'à la canaille. Mais la bête fauvage? il n'eft permis qu'aux Nobles d'en être les bouchers. Cela ne fe fait qu'en grande cérémonie, afin que vous le fachiez. Le maître de la chaffe eft nue tête, & à genoux; il prend le coutelas confacré à ce facrifice; car ce feroit offenfer Diane, que d'en employer un autre: armé de ce glaive, il coupe religieufement les membres de l'animal; le tout par ordre, & en faifant certains geftes. Pendant cette pompeufe opération, toute la troupe environne le prêtre de la Déeffe: ils gardent un profond filence, paroiffant auffi étonnés de ce fpectacle, qu'ils ont vu mille fois, que fi c'étoit une nouveauté. Celui qui a le bonheur de manger fa part de la proie, ne s'en tient pas peu honoré, regardant cela comme un nouveau degré de Nobleffe. Enfin, quoique ces chaffeurs, qui ufent leurs jours à pourfuivre & à manger les bêtes fauvages, ne tirent point d'autre fruit de ce pénible & fatigant exercice, que de devenir eux-mêmes auffi fauvages que les bêtes qu'ils pourfuivent, ils ne laiffent pas de s'imaginer qu'ils vivent en Rois.

Une autre efpece de gens, qui reffemblent tout à fait à ceux que je viens de dépeindre, font les Bâtiffeurs. Poffédés une fois de cette paffion inquiétante, ils ne font jamais contens: leur occupation continuelle eft de faire & défaire, de conftruire & détruire ; changeant, comme dit Horace, le quarré en rond, le rond en quarré, jufqu'à ce qu'enfin, il ne leur refte plus ni maifon, ni pain. Que leur refte-t-il donc ? Le fouvenir d'avoir paffé agréablement un nombre d'années.

Venons aux Souffleurs. Ce font de braves fous, ceux-là ; la téte toujours pleine de nouveaux & myftérieux fecrets, ils ne vifent pas à moins qu'à confondre, qu'à mêler, qu'à changer la nature, cherchant par terre & par mer une je ne fais quelle quinteffence, qui ne fe trouve que dans leur ima-gination toute chimérique. Ne croyez pourtant pas que le mauvais fuccès les rebute ; rien moins que cela : enyvrés d'une folle, mais douce efpérance, ils ne fe repentent jamais ni de la dépenfe, ni du tra-vail ; ingénieux, tout ce qui fe peut, à s'en impo-fer, à fe rendre les dupes de leur entêtement. Quel-le eft ordinairement leur fin ? Après avoir foufflé tout leur bien, ils n'ont pas méme de quoi bâtir un petit fourneau. Ces adorateurs du feu, ces coureurs de fumée, ne s'en repaiffent pas moins de leurs vains projets : plutót mourir que d'ouvrir les yeux ; & fi on vouloit les croire, il n'y auroit que des Chy-miftes dans le monde. Lorfqu'ils font enfin con-traints de renoncer aux découvertes, ils ont une grande reffource de confolation ; c'eft de dire, qu'il eft au moins bien glorieux d'avoir formé un fi no-ble deffein : mais en même-tems, ils grondent la nature, de ce qu'elle a donné aux hommes une vie trop courte pour un ouvrage de cette importance.

Quant aux Joueurs de profeffion, j'ai quelque

ſcrupule de les faire entrer dans mon Empire. Ils
ſont ſi paſſionnés pour le jeu, qu'au ſeul bruit des
dés, le cœur leur ſaute de joie. Lorſque, par la
trompeuſe eſpérance de regagner, ils ont perdu
tout leur bien, & que leur vaiſſeau s'eſt briſé contre
l'écueil du jeu, écueil non moins dangereux que
(1) Malée ; encore trop heureux d'échapper tout
nuds de ce naufrage, ils aimeroient mieux fourber
(2) qui que ce fût, que celui qui les a dépouillés,

(1) *Malée.* Promontoire fort dangereux de la Laconie, Pro-
vince du Peloponeſe. On diſoit en proverbe : Quand tu navi-
ges devant Malée, oublie toute ta Maiſon.

(2) *Qui que ce fût.* Tacite dit que les Allemands prenoient
grand plaiſir aux jeux de haſard, & que les perdans ſe livroient
de fort bonne foi à l'eſclavage & à la mort.

de peur de paſſer pour malhonnêtes-gens. Que dire de ces vieillards qui, preſque aveugles par le grand âge, ne laiſſent pas de jouer avec des lunettes ; ou s'ils ont la goutte aux mains, choiſiſſent un ſecond qui jette les dés pour leur compte? Ce ſont là des fous. Ils ſe donnent du plaiſir ; & par cet endroit-là ils m'appartiennent : d'un autre côté, le jeu tourne ſi ſouvent en rage & en fureur, que je ne ferois pas mal de le renvoyer aux furies. Que dirai-je de ceux qui, après avoir

> ————— *commencé par être dupes,*
> *Finiſſent par être frippons ?*

Les rangerai-je parmi mes ſujets? Pourquoi non? N'eſt-ce pas une folie que de perdre ſon argent en dupe? & n'en eſt-ce pas une auſſi, que d'eſpérer de jouir en paix de ce qu'on a acquis par la fourberie?

Mais voici venir des gens qui, ſans difficulté, vivent ſous ma domination. Ce ſont les menteurs, les *hableurs*, & généralement tous ceux qui ſe plaiſent à dire & à entendre des fauſſetés. Le croiriez-vous ? Ce bon-goût donne un plaiſir, dont les ſages ne ſont pas dignes. Il faut, il faut être né ſous la faveur des Dieux, pour bien ſavourer ces douces chimeres. On n'en a jamais aſſez. Les prodiges, les fantômes, les lutins, les mauvais eſprits, les enfers, tant d'autres viſions ſemblables ſont ce qui fournit le plus aux converſations du ſot vulgaire. Qui dit miracle, qui dit ſurnaturel, qui avance quelque choſe qui ſoit au-deſſus des cauſes ſecondes & des loix immuables du mouvement, fait ouvrir & chatouille les oreilles des au-

diteurs ignorans. Ne traitez pas cela, s'il vous plaît,
de simple amusement: la matiere est devenue très-
sérieuse, graces (1) aux sacrificateurs, & aux *Ser-
moneurs*, qui ont fort bien su tourner à leur profit la crédulité populaire.

Il en est de même d'un autre genre de supersti-
tieux. Plaisans originaux! Dès qu'ils ont eu le bonheur de voir une Statue de bois, ou une image

____

(1) On n'attaque pas ici les vrais miracles, mais les Charlatans en fait de Religion ; principalement les Moines Mendians,
qui, après avoir trompé le vulgaire par une Morale hypocrite,
par des Scapulaires, &c. s'en moquent le verre à la main.

(1) de leur Polypheme Saint Chriftofle, ils fe tiennent fûrs de ne point périr ce jour-là. Qu'un foldat ait fait fa petite priere devant la figure de Sainte Barbe, il n'a plus rien à craindre des dangers de la guerre. On invoque même (2) Erafme comme un Saint de Paradis; & en lui rendant des honneurs divins, on fe promet une groffe fortune. (3) Et cet Hercule Saint George, qui leur tient lieu (4) d'un autre Hippolyte? C'eft un plaifir de voir leur dévotion à bien parer fon cheval, & à fe profterner devant cette bête fuperbement ornée. Ils ont grand foin d'entretenir par des préfens, la faveur & la protection du Cavalier; & jurer par fon cafque, eft pour eux un ferment inviolable. Où mettrai-je ces gens qui fe croyent hors de dette avec la divinité, en vertu des pardons & des indulgences? Gens qui, par cette forte de fauffes rémiffions, mefurent, comme (5) avec la Clepfydre, comme geométriquement, & fans craindre l'erreur de calcul, mefurent, dis-je, la durée, les fiecles, les

---

(1) *De leur Polypheme.* Parce qu'ils repréfentent leur Saint Chriftofle comme un Géant, lui mettant, au lieu de bâton, un mât à la main, comme Virgile à Polypheme.

(2) Les Matelots invoquoient Saint Chriftofle; les foldats, Sainte Barbe; & les Avares, Erafme.

(3) Il femble que Saint George foit l'ancien Hercule canonifé.

(4) *D'un autre Hippolyte.* Célebre par fa réfiftance à l'amour criminel de Phedre, fa belle-mere, & qui fut déchiré par fes chevaux.

(5) *Avec la Clepfydre* Horloge d'eau. Il y en avoit de plufieurs efpeces; mais toutes avoient cela de commun, que l'eau tomboit infenfiblement par un petit trou, d'un vaiffeau dans un autre, dans lequel en s'élevant peu-à-peu, elle élevoit un morceau de liege qui marquoit les heures par des lignes tracées de diftance en diftance.

années , les mois , les femaines, les jours, les heures du purgatoire. Autre efpece d'extravagans : ce
font ceux qui, s'appuyant fur certaines petites marques extérieures de dévotion, fur quelques cour-
tes prieres , qu'un pieux impofteur a inventé comme par magie , pour fon plaifir ou pour le lucre,
comptent fur une félicité accomplie : richeffes,
honneurs , volupté, bonne chere , fanté jamais in-
terrompue , verte & vigoureufe vieilleffe, longues
années , pas un de ces biens ne fauroit leur man-
quer. Ce n'eft pas tout : ils efpérent bien auffi les
premieres places dans le ciel, à une condition,
s'entend ; c'eft qu'ils n'iront chez les bienheureux,
que tout le plus tard qu'il leur fera poffible. Et
quand donc ? Lorfque les douceurs d'ici-bas, auxquelles ils font attachés du fond de l'ame, les
quitteront enfin, à leur grand regret ; alors viendront les délices éternelles & inconcevables du
Paradis. Mes fujets, ... comment, mes fujets ?
les Miniftres même du Sanctuaire les plus perfua-
dés, le plus zélés, n'en veulent qu'à ce prix-là ;
le Paradis eft leur pis-aller.

Sur ce fondement des pardons & des indulgences, un négociant, un foldat, un Juge, n'a qu'à
jeter une petite piece d'argent dans le baffin : le
voilà net, & auffi bien reblanchi, que lorfqu'il for-
tit du Baptême. Tant de parjures, tant d'impure-
tés, tant d'ivrogneries, tant de querelles, tant de
meurtres, tant d'impoftures, tant de perfidies, tant
de trahifons, tout cela fe rachete par un peu de
monnoie, & fe rachete fi bien, qu'on fe croit en

droit de faire un nouveau compte de vices, de crimes, de fcélératefle.

(1) Eft-il des hommes plus fous, ou pour mieux dire, plus heureux, que ces dévots, qui croyent qu'en récitant chaque jour fept certains verfets des facrés Pfaumes, ils entreront immanquablement

(1) *Eſt-il des hommes,* &c.   Le Diable rencontrant St. Bernard, fe vanta de favoir 7 verfets des Pfaumes, & qu'en les récitant tous les jours, on étoit fûr de fon falut. L'homme de Dieu fut curieux de connoitre ces verfets; mais le Diable le refufa. Je t'attraperai bien dit le Saint, car je réciterai tous les jours le Pfautier, & par conféquent tes 7 verfets. Sur cela, le Diable craignant d'avoir donné lieu à une fi belle dévotion, aima mieux révéler fon fecret.

dans le royaume des cieux ? C'eſt pourtant un Diable, oui, qui a fait cette riche découverte ; mais un Diable ſot , & qui avoit plus de vanité que de fineſſe. Il eut l'imprudence de vanter ſon ſecret magique à St. Bernard, qui en ſavoit plus long que lui. Ne ſont-ce pas là de grandes folies ? D'accord; & moi-même , toute la Folie que je ſuis , j'en ai preſque honte. Cependant, ce n'eſt pas ſeulement le vulgaire qui approuve ces extravagances ; ce ſont même les Profeſſeurs en Religion.

Puiſque je me ſuis embarqué ſur cet Océan-là, ſi faut-il que je vogue. Diſons quelque choſe de l'invocation des Saints. Chaque pays n'a-t-il pas au ciel ſon Patron , ſon ſaint tutélaire ? Chez un même peuple , on diſtribue à ces grands & puiſſans Seigneurs de la Cour céleſte, les diverſes fonctions du *Protectorat*. L'un guérit du mal de dents ; l'autre aſſiſte le femmes dans les douleurs de l'accouchement ; celui-là fait retrouver ce qu'on a volé ; celui-ci veille à la conſervation & à la ſûreté des troupeaux : l'un ſauve du naufrage ; l'autre procure la victoire dans les combats. Je ſupprime le reſte , car je ne finirois jamais.

Il y a des Saints dont le crédit & le pouvoir s'étendent généralement ſur tout. Telle eſt principalement (1) la Mere de Dieu, à laquelle le vulgaire

(1) *La Mere de Dieu*. C'eſt communément a elie que le vulgaire s'adreſſe pour tout ; comme ſi Jeſus-Chriſt étoit, ou moins exorable , ou moins puiſſant, que Marie. Le Fils eſt le Roi : mais la Vierge eſt Reine-Mere ; & on fait mieux ſon compte avec elle , qu'avec le Sauveur. En Italie , un convaleſcent fit mettre dans l'Egliſe une Epigramme , dont le ſens étoit , qu'ayant une groſſe fievre , il n'avoit nulle foi au Médécin, peu

attribue plus de puissance qu'à son Fils. Or ce que
les hommes demandent aux Saints, n'est-il pas
aussi de mon ressort? Dites-moi, s'il vous plaît, parmi tous ces pieux monumens de reconnoissance,
dont vous voyez les murailles & les voûtes des
temples toutes couvertes, en avez-vous jamais vu
quelqu'un qu'on ait suspendu comme une marque,
comme un signe d'avoir été miraculeusement guéri
de la Folie? C'est sur quoi on n'importune pas les
Saints, &, quelque dévotion qu'on ait pour eux,
on n'en devient pas tant soit peu plus sage. Ces
Offrandes, ces vœux qui pendent aux autels, sont
pour toute sorte de sujets, excepté pour la Folie.
L'un, qui a pensé périr, s'est sauvé heureusement
à la nage. L'autre, qui avoit reçu un coup d'épée
au travers du corps, en est réchappé. L'un rend graces de ce que, dans le fort du combat, & lorsqu'on
étoit le plus aux prises avec l'ennemi, il s'est enfui
avec autant de bonheur que de bravoure. L'autre,
condamné pour ses bonnes œuvres à être pendu &
étranglé, tombe de la potence, par la faveur de
quelque Saint qui est ami des voleurs, & recom-
mence de plus belle à soulager par charité ceux qui
ont les poches trop pleines d'argent. Celui-là s'est
remis en liberté, en rompant la prison. Celui-ci est
bien rétabli de sa fievre, au grand chagrin de Monsieur le Docteur, qui comptoit sur une cure plus
longue & plus lucrative. L'un, au lieu de trouver
la mort dans le poison qu'on lui avoit donné, y a

---

de confiance en Dieu, mais beaucoup en Marie, qui aussi
l'avoit sauvé.   trouvé

trouvé un remede : fa femme, qui avoit bonne envie de fe défaire de lui, & qui fe félicitoit déja de
fon veuvage, eft très-fâchée d'avoir manqué fon
coup. L'autre, quoique fon charriot fe foit renver-
fé, en a été quitte pour la peur, & a ramené fes
chevaux en bon état. Celui-là, ayant été accablé
fous des ruines, n'en eft point mort. Celui-ci, pris
fur le fait par le mari de fa Maîtreffe, s'eft tiré heu-
reufement d'un fi mauvais pas.

En voilà de toutes les fortes, comme vous
voyez. Mais, nul tableau confacré à la bienheu-
reufe Vierge, ni aux faints, en action de graces
d'avoir été délivré de la Folie : elle a tant de char-
mes pour les hommes, que de tous les maux, c'eft
le feul qui leur paroît un bien. Mais à quoi bon
m'embarquer fur cet Océan de fuperftition ?
Quand j'aurois, pour parler avec Virgile, quand
j'aurois cent langues, cent bouches, & une voix
de fer, je ne pourrois jamais faire l'énumération
de toutes les différentes efpeces de la fottife, ni
parcourir tous les noms de la Folie. Je me borne
à ce feul exemple, qui en vaut mille : c'eft que (1)
le Chriftianifme eft corrompu par une infinité
d'extravagances. Les Sacrificateurs ne font pas
affez aveugles, pour ne pas voir ce *défigurement*
affreux : mais ces Meffieurs les hauts & bas Of-

---

(1) *Le Chriftianifme.* Il eft de foi pur & faint : mais la Folie a tellement défiguré ce culte, qu'il n'y a prefque pas une
chofe facrée où on n'ait fourré la fuperftition. Ces abus font en
fi grand nombre, qu'on pourroit en faire un livre plus gros que
l'Hiftoire de Tite-Live ; & ils font fi ridicules, qu'il vaut mieux
n'en point parler.   G

ficiers du Sanctuaire fe foucient fort peu de purger le champ du Seigneur. Tant s'en faut : ces fins & rufés Jardiniers arrofent, fomentent, entretiennent les mauvaifes herbes. Pourquoi ? Parce que c'eft avec ces mêmes herbes que les dévots Miniftres de l'Autel font une foupe délicieufe.

Si quelque odieux Moralifte, s'érigeant en Apôtre, venoit faire ici cette exhortation pathétique : " Joignez à votre dévotion pour Monfieur Saint „ Chriftofle, une vie chrétienne ; & vous ne ferez „ point une fin malheureufe. Outre la petite piece „ de monnoie que vous donnez pour les pardons „ & pour les indulgences, haïffez le mal, pleurez, „ veillez, priez, jeûnez ; enfin, changez de con„ duite, & pratiquez l'Evangile : alors vous rache„ terez infailliblement vos péchés. Vous avez con„ fiance en tel ou tel Saint ? Suivez fes exemples ; „ vivez comme il a vécu ; & par-là vous gagnerez „ la faveur de votre patron. „ Ce *Prêcheur* auroit raifon dans le fond, entre nous foit dit : mais d'un autre côté, ne tireroit-il pas les hommes d'un état heureux, pour les plonger dans la peine & dans le chagrin ?

Un petit mot d'une autre claffe de fou : ce feroit grand dommage de les oublier ; ils font trop d'honneur à mon empire. Je parle de ces riches, qui, fe voyant à la fin de leur carriere, ordonnent de grands préparatifs pour pouvoir faire magnifiquement le voyage du tombeau. C'eft un plaifir de voir ces mourans s'appliquer férieufement à règler leur pompe funebre : ils marquent, article par

article, combien ils veulent qu'il y ait à leurs fu-
nérailles de flambeaux, de gens en deuil, de
Chantres, de pleureurs, &c. Ne seront-ils pas bien
glorieux, d'aller en terre avec un superbe convoi ?
Ils s'en font un plaisir d'avance, ne paroissant pas
tout-à-fait persuadés que la mort leur ôtera toute
connoissance & tout sentiment. Il n'est ni hono-
rable, ni agréable, à un riche défunt, qu'on enterre son cadavre comme celui d'un gueux. Enfin, il semble que cet homme-là regarde la mort

comme une charge d'Edile, Magiſtrature de l'ancienne Rome, qui donnoit inſpection ſur les feſtins
& ſur les divertiſſemens du peuple.

Quoique mon ſujet ne ſoit que trop fécond,
quoique je ſois obligée de couler légérement ſur
ma matiere, je ne paſſerai pas néanmoins ſous ſi-
lenće ces grands eſtimateurs, ces fiers appréciateurs
dé la Nobleſſe. On en voit très-ſouvent qui, avec
une ame de boue, avec des inclinations de la derniere canaille, vous étourdiſſent à force de répé-

ter, *je fuis Gentilhomme.* Faut-il prouver l'ancienneté de fa race? L'un fe fait defcendre du pieux Enée; l'autre remonte jufqu'aux premiers Confuls de Rome; l'autre jufqu'au Roi Artus. Ils vous étalent les portraits & les figures de leurs Ancêtres : toujours fur les Aïeuls, fur les Bifaïeuls, toujours fur les lignes directes & collatérales de leur arbre généalogique, citant à tout moment les noms & les furnoms ufés de leurs peres, pourris depuis plufieurs fiecles. Examinez bien cet homme-là, avec fes titres enfumés, rongés, déchirés; n'eft-ce pas une vraie idole, & vaut-il guere mieux que ces figures dont il fait tant de parade? (1) Ce fat ne laiffe pas d'avoir une haute idée de fa perfonne; & toujours rempli du fouvenir ftérile de fa naiffance, il fe repaît de cette chimere; il vit content. Ce qui contribue auffi à lui faire aimer fon beau Fantôme, c'eft qu'il trouve des gens auffi fots que lui, qui refpectent ce genre de bêtes, ces Nobles fans mérite, comme s'ils étoient des Dieux.

Mais pourquoi, puifque j'en fuis fur le chapitre de *l'Amour-propre,* me bornerois-je à une ou deux efpeces de fous? Ma chere *Philautie,* que vous voyez, n'a-t-elle pas des moyens admirables pour empêcher l'homme d'être mécontent de lui-même? Jettez les yeux fur ce vifage; il n'y a point de finge fi laid ni fi difforme : & pourtant, il fe

______

(1) Voyez la Fig. pag. 102.

croit fort beau garçon. Celui-là est-il parvenu à tracer affez juste deux ou trois lignes avec la compas ? Il s'applaudit dans l'ame , & ne fauroit s'imaginer qu'Euclide fût plus habile que lui. Celui-ci chante un peu plus mal qu'un coq , & n'en est pas moins charmé de fa voix. Mais voici une forte de folie bien réjouiffante. Un homme a nombre de domestiques : chacun d'eux a fon bon ; Monfieur le Maître réunit dans fa tête toutes ces qualités ; il s'en forme un tout en idée ; & il fe l'approprie comme un bien réel, effectif, qui lui appartient.

Tel eft, chez Seneque, ce riche doublement heureux : lorfqu'il vouloit conter une hiftoire, fes efclaves étoient auprès de lui pour foulager fa mémoire, & pour lui fuggérer les noms propres. D'ailleurs, ce maître étoit fi foible, qu'il ne falloit qu'un fouffle pour le jeter par terre ; (1) il n'en étoit pas moins toujours prêt à fe battre à coups de poing, comptant fur la vigueur de fes efclaves, comme fi c'eût été fa propre force.

Il eft inutile de parler ici de ceux qui font profeffion des Arts : on peut les nommer les mignons de ma Philautie, les favoris de *l'Amour-propre*. Ces gens-là ordinairement idolâtrent leur petit mérite, & ils céderoient plutôt une terre de leur patrimoine, que d'avouer qu'ils manquent d'efprit. Les Comédiens, les Muficiens, les Orateurs, les Poëtes, voilà, voilà les meilleurs amis de *Philautie!* Plus ils font mal-habiles, plus ils s'imaginent exceller dans leur art; & prévenus ainfi en leur faveur, ils font toujours fur leurs louanges. N'allez pas croire pour cela qu'ils manquent d'approbateurs: il n'y a point de fottife, quelque groffiere qu'elle foit, qui n'en trouve. C'eft dire trop peu : à proportion qu'une chofe eft oppofée au bon fens, à proportion rencontre-t-elle des admirateurs ; ce

______

(1) *Il n'en étoit*, &c. C'étoit un riche fou. Il avoit fi peu de mémoire, qu'il oublioit les noms les plus connus, comme ceux d'Hector & d'Achille. Sur ce qu'il croyoit bonnement jouir des bonnes qualités de fes efclaves, on lui confeilloit, en le raillant, de fe battre auffi avec leurs forces ; car pour lui il n'en avoit point.

G 4

qui eſt le plus contraire à la droite raiſon , c'eſt cela même après quoi on court le plus avidement. Demandez-vous pourquoi ? Je vous l'ai déja dit ; preſque tous les hommes ſont fous. L'ignorance a donc deux grands privileges : l'un, de s'accorder parfaitement avec l'amour - propre ; l'autre , eſt d'attirer à ſoi la plus grande partie du genre humain. Vous ſeriez bien ſimples , de vouloir vous élever au - deſſus du vulgaire , par un ſavoir vraiment philoſophique ; il en coûte beaucoup ; ce ſavoir fait que tout le monde vous fuit , & que vous fuyez tout le monde ; enfin , vous ne trouvez preſque perſonne capable d'entrer dans votre goût & dans vos ſentimens.

Je fais une autre réflexion ſur *l'Amour - propre.* Remarquez-le avec moi : chaque homme a reçu en naiſſant ſa Philautie , comme un préſent de la nature : mais cette mere commune ne s'en eſt pas tenue là ; elle a fait auſſi la même choſe à l'égard des ſociétés ; en ſorte qu'il n'y a ni nation , ni ville , qui n'ait quelque goût particulier. Les Anglois aiment ſur-tout la beauté , la muſique & la bonne chere. Les Ecoſſois font grand cas de la nobleſſe , & principalement lorſqu'elle prend ſa ſource dans le ſang de leurs Rois ; ils ſe piquent auſſi beaucoup d'être ſubtils dialecticiens. Les François s'attribuent la politeſſe & la civilité. Les Pariſiens vantent leur théologie ; les Italiens , leur littérature & leur éloquence ; enfin , chaque nation ſe fait bon gré d'être la ſeule qui ne ſoit point barbare. On peut dire que les Romains ſont les plus enchan-

tés de ce dernier genre de félicité ; Rome moder-
ne conservant encore , comme un agréable rêve ,
cette prétention de l'ancienne Rome. Les Véni-
tiens, enflés de leur noblesse, font fort contens
d'eux-mêmes. Les Grecs s'applaudissent d'avoir
inventé les sciences, & d'être la postérité de ces
fameux héros qui firent autrefois tant d'éclat dans
le monde. Les Turcs & tous les autres peuples
semblables, qui ne font proprement qu'un amas
de Barbares, prétendent que la gloire de la vraie

Religion leur appartient, & se moquent des superstitions & de l'idolâtrie des Chrétiens. Et les Juifs? Ce sont eux qui vivent bien agréablement dans l'attente du Messie, & qui, sans se rebuter tant soit peu d'un si long délai, comptent sûrement & sans vouloir en démordre, sur l'accomplissement des promesses de Moyse. Les Espagnols se plaisent à prôner leurs *prouesses* & leurs exploits. Les Allemands se font honneur de leur taille gigantesque, & de leur science magique.

Demeurons en-là; je ne finirois point. Vous voyez à présent, si je ne me trompe, combien *l'Amour-propre* cause par-tout de plaisir, tant dans le général, que dans le particulier. A côté de *Philautie*, marche toujours sa bonne sœur, la *Complaisance pour soi-même*. Car, qu'est-ce que l'amour-propre? N'est-ce pas se caresser, se cajoler, se flatter? Quand nous cajolons les autres, alors cela s'appelle *Flatterie*. Elle a le malheur d'être aujourd'hui fort décriée, cette pauvre flatterie; mais par qui? Par ces gens qui s'offensent plus du terme que de la chose. On s'imagine que la complaisance ne peut pas s'accommoder avec la bonne foi; grand abus? Les bêtes même nous font voir le contraire. Nul animal si caressant que le chien: en est-il de si fidele? L'écurcuil apprivoisé ne demande qu'à jouer; en est-il moins ami de l'homme? Si la flatterie excluoit la probité, il faudroit conclure delà que les lions féroces, que les tigres cruels, que les léopards furieux, auroient le plus de rapport avec l'espece humaine. Je n'ignore pas, qu'il y a une très-mauvaise flatterie ; c'est par elle que les fourbes & les moqueurs attirent les sots dans le panneau. Mais ce n'est pas là ma chere *Flatterie* : aux Dieux ne plaise que je l'adopte ! La mienne part d'un fond de douceur, de bonté, de droîture d'ame ; flatterie qui approche autant de la vertu, qu'une humeur rude, sauvage, brusque, impolie, en est éloignée. Ma flatterie redonne du cœur aux découragés, égaye les mélancoliques, aiguillonne les paresseux, réveille les stupides, soulage les malades, appaise les furieux, forme les amours & les entretient. Ma flatterie fait goûter (1) aux enfans le travail de l'étude ; elle réjouit les vieillards ; &, sous l'image de la louange, elle instruit (2) les Princes, sans les offenser. Enfin, ma flatterie fait que les hommes sont amoureux de leur personne ; elle les métamorphose tous en Narcisses ; en quoi consiste principalement le bonheur de la vie.

Se peut-il rien de plus officieux, de plus atten-

(1) *Aux Enfans*, &c. Anciennement, c'étoit par des caresses, & par de petits présens, qu'on engageoit la Jeunesse à supporter les épines de l'étude ; à présent, les pédans emploient la violence & les coups. Ainsi l'enfant débute, dans son apprentissage, par haïr les lettres & son maître, qui d'ailleurs, par sa sévérité, lui fait contracter une crainte d'esclave, & empêche même que la nature ne perfectionne ce tendre corps. Cependant, quantité de fous admirent cette dureté.

(2) *Les Princes.* On doit user d'une grande dextérité, pour moraliser les Princes : les Précepteurs d'Alexandre, & d'un Ptolomée, se trouverent mal de leur franchise. Erasme, faisant l'Eloge de Philippe de Burgogne, louoit à l'ordinaire ; mais on voyoit bien que le but du Panégyriste étoit plus de dépeindre un bon Prince, que de louer Philippe.

driſſant, que de voir deux bons & honnêtes (1) mulets s'entregratter obligeamment? C'eſt dans ce ſer-
vice mutuel que conſiſtent en partie, & plus ou
moins, l'éloquence, la médecine & ſur-tout la
poëſie. Je dis plus: cette flatterie réciproque eſt
le miel & l'aſſaiſonnement du commerce humain.
Les ſages objectent que c'eſt un grand malheur

(1) *Mulets.* Ancien proverbe, contre deux ſots qui ſe
donnent tour-à-tour de l'encens.

d'être trompé ; & moi je foutiens, que n'être pas trompé, c'eſt le plus grand des malheurs. Il y a une extravagance outrée, à mettre le bonheur de l'homme dans les choſes mêmes ; il ne dépend que de l'opinion. Tout eſt ſi obſcur dans la vie, tout y eſt ſi différent & ſi oppoſé, qu'on ne peut s'aſſurer d'aucune vérité. C'étoit le premier principe de mes Académiciens, qui ſe montroient en cela les moins orgueilleux des Philoſophes. S'il y a des choſes bien connues, & dont on ne doit pas douter, combien troublent-elles la douceur & le repos de la vie ? Enfin, les hommes aiment qu'on les trompe, toujours prêts à quitter le vrai, pour courir après le faux. En voulez-vous une expérience ſenſible & inconteſtable ? Allez ſouvent au *Sermon*, & prenez garde à ce que je vais vous dire. Si le grand *Crieur* (oh, quelle injure ! je me ſuis trompée, au moins ; je voulois dire le Déclamateur :) ſi le Déclamateur, donc, traite ſérieuſement ſa matiere, on dort, on bâille, on touſſe, on ſe mouche, on s'ennuye. Mais le Diſcoureur entame-t-il, comme il arrive ſouvent, quelque conte de vieille, quelque fable de Légende ? d'abord l'Auditoire ſe réveille, les endormis ſe levent, tout le monde eſt attentif. Quand on célebre dans une Egliſe la fête de quelque ſaint fabuleux & poëtique, St. George, par exemple, Saint Chriſtofle, Sainte Barbe ; vous trouverez bien une autre parure, une autre dévotion, que ſi on *fêtoit* Saint Pierre, Saint

Paul, & Notre Seigneur lui-même. Mais il ne s'agit pas ici de tout cela.

Je reviens toujours à ma these : oui, un honheur d'opinion est un bonheur à grand marché. Vous parlez de mettre votre félicité dans la jouiſſance des choſes : combien les moins importantes donnent-elles de peine ? Jugez-en par les ronces, par les brouſſailles qui entourent la ſeule grammaire. Mais pour l'opinion, on la prend ſans effort, elle entre d'elle-même dans l'eſprit, & contribue à l'agrément de la vie, autant, ou même plus, que l'évidence & la certitude. Dites-moi, je vous prie : cet affamé dévore une ſaline puante, pourrie, & à l'odeur de laquelle tout autre eſt obligé de ſe boucher le nez ; ce mets lui ſemble de l'Ambroſie : ne fait-il pas auſſi bonne chere que les Dieux ? Au contraire, quand ce friand met dans ſon eſtomac la viande la plus délicieuſe, il n'y trouve point de goût ; cette nourriture lui cauſe des nauſées, le provoque à vomir : où eſt donc ſon bonheur ? Un homme a une femme très-laide, & ſon mari la trouve parfaitement belle ; n'eſt-ce pas comme s'il avoit épouſé une Vénus ? Quelque fat a un mauvais & pitoyable tableau : prévenu que cette peinture eſt d'Apelle, ou de Zeuxis, les deux plus fameux Maître de l'Antiquité, il ne ſe laſſe point de la regarder & de l'admirer : n'eſt-il pas incomparablement plus heureux qu'un autre qui aura payé chérement la main de ces célebres peintres, & qui ne prendra point tant de plaiſir à conſidérer leurs ouvrages ?

Je connois un homme qui a l'honneur de porter mon nom : peu après son mariage , il fit présent à sa nouvelle épouse de deux Brillans faux. Comme il étoit bon moqueur, il fit accroire à sa femme que ces bijoux étoient fins , & qu'ils lui avoient coûté une grosse somme. Or, que manquoit - il au plaisir de l'Epouse ? Elle manioit ces petits morceaux de verre ; elle les examinoit, contente de posséder ce trésor imaginaire, tout de même que s'il eût été réel. Cependant, le mari s'étoit épargné une dépense considérable; il jouissoit de l'erreur de sa femme, qui lui avoit autant d'obligation que si le présent eût été magnifique.

Mettons les Pélerins (1) de l'antre de Platon en parallele avec les fous. Les fous voyent les ombres & les fantômes; ils les admirent: mais ils s'en tiennent là, & sont fort contens. Les Philosophes apperçoivent les mêmes objets: mais après être sortis de la caverne, ils approfondissent le mystere. Les uns & les autres n'ont-ils pas eu le même plaisir? Si le Savetier (2) Micillus, dont Lucien fait mention, avoit pu passer le reste de ses jours dans l'agréable songe qui l'occupoit quand on le réveilla, eût-il pu souhaiter une félicité plus accomplie? Il n'y a donc point de différence entre les fous & les sages: s'il y en a, c'est que les premiers sont les plus heureux. Ils le sont par deux endroits: l'un, parce que leur bonheur ne leur coûte

______

(1) *De l'Antre de Platon.* Ce Philosophe appelloit des aveugles & des rêveurs, ceux qui, négligeant les idées divinés, & les vérités éternelles, qu'il nommoit par excellence les seuls êtres, se donnent tout entiers aux corps, qui ne sont que les ombres des véritables choses: ces gens, dit Platon, enchaînés par leurs passions, ont pour domicile un souterrain en forme de caverne.

(2) *Mycillus.* Au rapport de Lucien, il étoit pauvre: ayant bien soupé chez un de ses voisins, homme de haute fortune, le Savetier rêva la nuit qu'il étoit devenu riche, qu'on le portoit sur les épaules, qu'il jouissoit de tous les avantages de l'opulence. Mais son coq l'ayant réveillé par son chant, Mycillus, fâché d'avoir perdu son bonheur, se mit fort en colere contre le chantre ailé, & le menaça.　　　　rien;

rien; un peu de prévention en fait l'affaire : l'autre, c'est que mes fous font heureux avec une infinité d'autres; or il n'y a point de plaifir d'avoir tout feul la poffeffion d'un bien. Les fages font en fi petit nombre, que ce n'eft pas la peine d'en parler : s'en trouveroit-il feulement un ? Après une fi longue fuite de fiecles, les Grecs fe vantent que leur Païs a produit fept fages : grand effort ! Le genre humain eft bien redevable à la fertilité de la Grece ! Il y en a donc eu fept ! Mais n'ayez pas, s'ils vous plaît, la curiofité d'examiner leur Philofophie à la rigueur : je jure par Hercule, & que je meure, toute Déeffe que je fuis, fi en ce cas-là vous trouveriez feulement la moitié d'un fage; vous n'en trouveriez peut-être pas le tiers.

Je veux me louer encore par un autre endroit. Les Poëtes & les buveurs inventent mille jolies penfées à l'honneur de Bacchus. Ce qu'on peut dire de plus glorieux pour ce Dieu, c'eft qu'il ôte la raifon, & par conféquent les foins, les inquiétudes, les chagrins, dont cette importune raifon eft une fource inépuifable. Mais combien dure cette heureufe apoplexie ? Dès que le vin eft cuvé, on ne fe fent plus du bienfait; on voudroit même ne l'avoir pas reçu. Il en eft tout au contraire du bien que je fais aux mortels. Je les enivre, je leur ôte auffi la raifon; mais mon ivreffe eft bien différente de celle de Bacchus; la mienne caufe la joie, les délices, le bonheur, elle dure toute la vie, & elle ne coûte ni argent, ni repentir.

H

Les hommes m'ont encore une obligation qui m'eſt particuliere ; c'eſt qu'il n'y en a pas un qui, plus ou moins, ne ſe ſente de ma libéralité. Les autres Dieux partagent leurs faveurs entre les hommes. Il ne croit point par-tout de ce vin agréable & fort, qui remplit l'ame la plus mélancolique, de plaiſir, de courage & d'eſpérance. Vénus accorde rarement le don de la beauté : Mercure fait encore moins d'éloquens ; & Hercule, de riches. Jupiter met peu de gens ſur le trône ; Mars refuſe ſouvent ſon ſecours aux deux armées ; Apollon fait des réponſes affligeantes à quantité de ceux qui conſultent ſon oracle. (1) Jupiter lance ſouvent ſa foudre ; Phébus envoie quelquefois la peſte ; Neptune fait périr plus d'hommes qu'il n'en ſauve. Quant à ces noires Divinités qui ne ſont d'aucun ſecours, Pluton, le dommage, la peine, la fievre, & autres de cette nature, qui ſont plutôt des bourreaux que des Dieux, ils ne méritent pas qu'on en parle. Il eſt donc vrai, que les autres Dieux ne ſont pas bons & bienfaiſans à tout le monde. Mais pour moi, qui ſuis la Déeſſe Folie, mon inclination obligeante, mon humeur bienfaiſante embraſſe également & généralement tous les hommes. Ce qu'il y a d'admirable, c'eſt que ma généroſité n'eſt ſouillée d'aucun interêt : je ne demande ni vœux, ni offrandes : je ne ſuis point Déeſſe à me fâcher, à ordonner des victimes d'expiation, dès qu'on a omis quelque cérémonie de mon culte : je ne trouble point le ciel & la terre,

____

(1) Voyez la Figure pag. 115.

pour me venger de quelqu'un qui, ayant invité toute la *Gent* divine, m'a laissé me morfondre chez moi, sans daigner m'appeller au festin de l'odeur & de la fumée de son sacrifice. Il faut que je le dise, en passant, à la honte de la condition immortelle : les Dieux sont si bisarres, ils sont si bourrus, qu'il vaudroit presque mieux les laisser là, que de les adorer : ce seroit au moins le plus sûr. On devroit en agir avec eux, comme avec ces hommes intraitables, & qui querellent fur-tout : point de commerce avec eux ; leur amitié coûte trop cher.

Sur cela, on me raille : jufqu'à préfent, dit-on, les hommes ne fe font point avifé de rendre à la Folie les honneurs divins : on ne lui confacre point de Temples ; on ne la nourrit point de la vapeur des victimes. A vous parler franchement, & je crois vous l'avoir déja dit, tant d'ingratitude m'étonne. Après tout, je ne m'en foucie guere ; & fuivant ma complaifance naturelle, je prends la chofe du bon côté. Il y auroit même de la fageffe à moi, & je ferois indigne d'être la Folie, fi je fouhaitois ces honneurs divins. On m'offrira fur un autel, quoi ? Un grain d'encens, de la farine falée, un bouc, un cochon ; & ces bétes innocentes feront égorgées pour me réjouir l'odorat ? Belles bagatelles ! J'ai un culte, moi ; oui j'en ai un auffi étendu que le monde : tous les hommes me le rendent ; & il n'y a pas jufqu'aux Théologiens, qui ne le fortifient de leur approbation. Je n'ai pas la cruelle & barbare ambition de Diane, qui fe plaît à des victimes humaines : je me crois vénérée & fervie très-religieufement, quand je vois que de tous côtés on me porte dans le cœur, on m'exprime par les mœurs, on me repréfente par la conduite.

A propos de culte : celui que les Chrétiens rendent à leurs Saints, roule fort rarement fur l'amour & fur l'imitation. Quelle foule de geus qui attachent des cierges aux pieds de la Vierge Mere de Dieu, & cela en plein midi ! Mais pour ceux qui suivent ses exemples de chasteté, de modestie, de zele pour l'interêt du ciel, il n'y en a presque point. Ce seroit pourtant là le vrai culte de la Noblesse du Paradis, & celui qu'elle aimeroit le mieux.

De plus, qu'ai-je à faire d'un Temple particulier? J'en ai un si vaste, si beau! c'est toute la terre. Je ne manque de Prêtres & de Ministres, que dans les lieux où il n'y a point d'hommes. (1) Ne me croyez pas assez extravagante, pour me soucier de Statues & de tableaux : ces Figures sont d'une conséquence bien dangereuse pour notre culte. Il arrive souvent, que ces dévots de chair & de sang prennent la Statue pour le Saint; & alors nous nous trouvons honteusement dans le cas d'un homme qui se voit supplanté par son vice-gérent. Tous les mortels sont mes Statues; & ils me représentent au naturel, quand ils ne le voudroient pas. Je consens donc très-volontiers, que les autres Dieux aient leurs Temples, l'un dans un coin de la terre, l'autre dans un autre coin; & qu'ils ne soient célébrés que certains jours de l'année. Qu'on adore Phébus à Rhodès, Vénus à Chypre, Junon à Argos, Minerve à Athenes Jupiter sur le Mont Olympe, Neptune à Tarente, Priape à Lampsaqne : mon sort divin sera toujours plus glorieux que le leur, tant que la terre sera mon Temple, & tous les hommes, mes victimes.

Il semble qu'en cela j'avance impunément un

____

(1) Voyez la Fig. pag. 116.

nenſonge. Vous allez voir que non. Réfléchiſ-
ſois un peu ſur la vie humaine ; & ſi je ne prouve
point que je ſuis la Déeſſe à qui les hommes ont
le plus d'obligation , & celle auſſi qu'ils eſtiment
davantage depuis le ſceptre juſqu'à la houlette , je
veux bien n'être plus la Folie. Je ne m'engage pas
néanmoins à parcourir chaque condition ; la carriere ſeroit trop longue : je me contenterai d'indi-
quer les principales , d'où il ſera facile de juger
du reſte.

Pour commencer par le vulgaire, vous ne dou-
tez pas qu'il foit tout-à-fait à moi : il abonde fort
en toutes fortes de folies ; il en invente tous les
jours tant de nouvelles, que mille Démocrites ne
pourroient pas fournir à s'en moquer ; encore ces
mille auroient-ils befoin d'un autre Démocrite
pour rire d'eux. On ne fauroit exprimer combien
ces hommes tous matériels, tous machinaux, di-
vertiffent les Dieux. Pour bien entendre cela, il eft
bon que vous fachiez une chofe. Les Dieux font
fobres jufqu'au dîner ; ils emploient ce tems-là à
délibérer en fe querellant, ou à écouter les prieres
des mortels. Au fortir de table, comme le nectar
dont ils ont bu à longs traits, leur envoie des fu-
mées au cerveau, ils ne peuvent s'appliquer aux
affaires. Que croyez-vous qu'ils faffent pour fe remettre la tête ? Ils fe raffemblent tous au plus haut
du ciel : là étant affis & regardant en bas, ils exa-
minent les différentes actions des hommes, & ils
n'ont point de fpectacle plus réjouiffant. O Jupiter ! quelle agréable & rifible comédie, que tous
ces divers mouvemens des fous ! Car je me trouve
auffi quelquefois à cette féance des Dieux.

L'un aime éperdument une femmelette; & moins
il en eft aimé, plus la fureur de l'amour le tour-
mente. L'autre époufe la dot & non pas la fille.
Celui-là proftitue fon époufe. Celui-ci, poffédé
du Démon de la jaloufie, veille en Argus fur la
conduite de fa *moitié*. Quelles fottifes ne dit-on
point, ne fait-on point dans le deuil, jufqu'à

payer des pleureurs mercenaires, qui font comme les Acteurs de la farce? Beaucoup de joie
dans le cœur, grande affliction fur le vifage; c'eft,
comme les Grecs difoient en proverbe, c'eft
pleurer fur le tombeau de fa belle-mere. L'un,
ramaffant tout ce qui lui appartient, en fait préfent à fon eftomac, au rifque de mourir de faim
après s'être contenté. L'autre met tout fon bonheur à dormir & à ne rien faire (1). Il y en
a qui, toujours en action pour les affaires des
autres, négligent leurs propres affaires. Il en
eft qui empruntent pour s'acquitter, & qui,
lorfqu'ils fe croyoient en fortune, fe trouvent
abîmés de dettes. Ce pauvre ne conçoit pas un
plus grand bonheur, que d'enrichir fon héritier.
Cet affamé de biens court les mers, pour un profit leger & incertain, abandonnant aux vagues
& aux vents, une vie qu'il ne peut racheter de
tout l'argent du monde. Cet autre, altéré fang,
qui pourroit jouir chez lui d'un fûr & agréable
loifir, aime mieux chercher la fortune à travers
les dangers & les horreurs de la guerre. On fe
flatte d'une groffe fucceffion, fi on peut s'emparer
de l'efprit de ce vieillard qui va mourir fans héri-
tiers, ou fi on a l'adreffe de gagner les bonnes
graces de cette riche vieille : mais que les Dieux
rient de bon cœur, quand ces pêcheurs d'argent
fe prennent dans leurs propres filets !

Les plus fous & les plus méprifables Acteurs du
théatre de la vie humaine, font les marchands.

____

(1) Voyez la Figure pag. 121.

Rien de plus bas que leur profeſſion, & ils l'exercent d'une vilaine maniere : ils ſont ordinairement
menteurs, parjures, voleurs, trompeurs, impoſ-
teurs ; & nonobſtant tout cela, fort conſidérés, à
cauſe du coffre fort. C'eſt principalement à ces
mauvais riches que les gros & gras moiues mendians font ſi dévotement la cour : ils les abordent
avec un reſpect *doucereux*, leur donnent hautement le titre de *vénérable*; & cela, pour attraper
une petite part du bien mal acquis. Vous voyez

dans un autre endroit les fectateurs de Pythagore, qui tenant avec ce Philofophe, que tous les biens font communs, regardent comme un cafuel légitime, tout ce qu'ils peuvent dérober. Il y en a qui ne font riches qu'en efpérance : ils fe forgent d'agréables fantômes de fortune, & ils croyent que cela fuffit pour vivre heureux. Quelques-uns font ravis de paffer pour fort opulens, quoiqu'ils n'aient pas même le néceffaire. L'un fe hâte de fe ruiner ; l'autre amaffe à toute main. Cet ambitieux s'agite pour entrer dans les charges ; & cet indolent n'aime rien tant, que le coin de fon feu. Les Plaideurs s'irritent par la longueur de la pourfuite ; & les parties femblent difputer à l'envi, à qui enrichira le mieux un Juge qui ne vife qu'à prolonger le procès, & un Avocat prévaricateur. Le brouillon, le féditieux court après les nouveautés ; & l'inquiet médite de grandes entreprifes. Tel va à Jérufalem (1), à Rome, à Saint Jacques, où il n'a que faire ; pendant que fa femme & fes enfans auroient grand befoin de fa préfence.

Enfin, fi vous pouviez découvrir, du monde de la Lune, les agitations innombrables des hommes, vous verriez comme une groffe nuée de mouches & de moucherons qui fe querellent, qui fe battent, qui fe tendent des pieges, qui s'entre-pillent, qui jouent, qui folâtrent, qui s'élevent, qui tombent, qui meurent. Non, vous ne pourriez jamais vous imaginer les mouvemens, le vacarme, le tintamarre, que l'homme, ce petit animal, qui,

____

(1) Voyez la Fig. pag. 123.

par rapport à une durée infinie, n'a qu'une minute à vivre, excite fur la furface de votre globe.
Encore n'eft-elle pas affurée, cette *minute*: combien la maladie, la guerre, tant de milliers d'autres accidens, en avancent-ils la fin ! Mais je ferois extravagante au fouverain degré, & je mé-
riterois que Démocrite fe moquât de moi à
gorge déployée, fi j'entreprenois d'achever le
détail des folies & des fureurs du vulgaire. Venons donc à ceux qui gardent chez les hom-

mes l'apparence de la fageffe, & qui courent après ce rameau d'or, comme ils parlent.

Les premiers qui fe préfentent, font les vénérables Docteurs en Grammaire, autrement, les Pédans : gens nés dans la difgrace du fort, & dans la colere des Dieux ; gens dont on ne pourroit déplorer affez la deftinée, fi moi, qui ai pitié de leur malheur, je n'adouciffois leurs peines par un certain genre de folie. Voulez-vous la connoître ? Suivez moi. Ces graves maîtres font comme livrés aux furies : toujours affamés, toujours fales dans leurs écoles, ou pour mieux dire, dans leurs galeres, dans leurs lieux de fupplice & d'exécution ; au milieu d'un troupeau d'enfans, ils vieilliffent dans le travail, ils deviennent fourds à force de crier ; la puanteur & la malpropreté les rendent étiques. Ne les plaignez-vous point ? Gardez-vous en bien : j'ai remédié à leur mal ; & par mon moyen, les Pédans fe croyent les premiers hommes du monde. Si vous faviez ! Ils goûtent un fi grand plaifir à faire trembler leurs timides fujets, par un air menaçant, par une voix tonnante : armés de férules, de verges, d'étrivieres, ils n'ont qu'à décider fur le châtiment : étant à la fois parties, Juges, & bourreaux, ils reffemblent (1) à l'âne de la fable, qui fe croyoit

______

(1) *A l'Ane.* Ayant trouvé la peau d'un lion, il s'en fit un furtout, & on en avoit peur fous cet habit-là : mais, reconnu à fes grandes oreilles, il fut remené, à coups de bâton, dans fon étable.

toute la valeur du lion, parce qu'il en avoit la peau. Ils font gloire de leur craffe ; leur faleté eft un parfum pour eux : &, fe regardant comme des Rois, dans le plus malheureux de tous les efclavages, ils ne voudroient pas changer leur tyrannie avec celle (1) de Phalaris, (2) ou

____

(1) *De Phalaris.* Tyran d'Agrigente, fort cruel.
(2) *De Denys.* Tyran de Syracufe. Ses fujets l'ayant chaffé pour fes cruautés, il alla à Corinthe, où il fe fit maître d'école, difant qu'il ne pouvoit vivre fans dominer. Il fut auffi mauvais Pédant, qu'il avoit été méchant Roi.

de Denys. Ce qui les rend principalement heureux, c'eſt la haute idée qu'ils ont de leur érudition : ils ne ſement que des impertinences,
que des ſottiſes, dans l'eſprit des enfans ; &
cependant, ils ſont tellement prévenus de leur
habileté, qu'ils mépriſent même ceux de leur
ordre qui ont eu le plus de réputation. Ils paſſent auſſi chez les parens de leurs ſujets, pour
des hommes d'une ſcience profonde ; ces ſots
croyant bonnement tout ce que nos Pédans
leur diſent. Ces régens jouiſſent encore d'une
autre ſorte de plaiſir : quelqu'un d'eux a-t-il
trouvé, dans un vieux manuſcrit tout rongé des
vers, quelque mot inconnu ; a-t-il déterré quelque morceau d'une ancienne pierre, ſur lequel
il y a des lettres tronquées ? ô Jupiter ! quel
treſſaillement de joie, quel triomphe, quel
applaudiſſement ! Scipion ne fut pas plus content
d'avoir fini la guerre d'Afrique, ni Darius d'a-
voir fait la conquête de Babylone. Quelle volupté pour ces *Scholiaſtes*, lorſqu'allant de porte
en porte lire leurs vers plats, inſipides, pi-
toyables, ils ne laiſſent pas de trouver des admirateurs ? Alors, ils ne ſe croyent pas moins
que de nouveaux Virgiles : je ne ſais même,
s'ils ne ſe flattent point que l'eſprit de ce grand
Poëte anime leur cervelle. Le meilleur de tout,
c'eſt quand ils ſe rendent louange, admiration
pour admiration, *gratterie* pour *gratterie*. Si
un homme du métier s'eſt trompé ſur la Syn-
taxe, & qu'un autre Pédant, plus clairvoyant,

s'en apperçoive; (1) ô Hercule! que de bruit aussi-tôt, combien de disputes, d'injures, d'invectives! Ecoutez, je vous prie, un fait impayable; l'histoire en est vraie, & je veux avoir tous les Grammairiens à dos, si je ments : voyez quel horrible serment! Je connois un homme qui sait tout; le Grec, le Latin, les Mathématiques, la Philosophie, la Médecine : il excele en tout cela; & il a déja soixante ans. Devineriez-vous bien à quoi ce Docte universel s'occupe, depuis environ vingt années? Ayant laissé là toutes ses acquisitions de savoir, il s'attache uniquement à la Grammaire, & il y tient son esprit dans une torture continuelle. Il n'aime la vie, que pour avoir le tems d'éclaircir une des difficultés de cet art important; & il mourra content, dès qu'il aura inventé un moyen sûr pour distinguer les huit parties du discours, de quoi, selon lui, ni les Grecs, ni les Latins n'ont pu encore venir à bout. Le sujet, comme vous voyez, est de la derniere conséquence pour le genre humain. Quoi! être toujours en danger de prendre une conjonction pour un adverbe? Cela mériteroit une guerre sanglante. Or vous remarquerez, qu'il y a autant de Grammaires, que de Grammairiens. Alde, un de mes favoris dans ce genre-là, n'en a donné que cinq pour sa part. Notre entété les lit toutes, quelque hérissées, quelque rebutantes qu'elles puissent être; il les exa-

____

(1) *O Hercule!* Cette exclamation est d'un homme qui crie au secours, parce que les Payens avoient coutume d'invoquer ce Dieu dans leurs malheurs.

mine toutes à fond , portant envie à tous ceux qui
se mêlent d'écrire sur cette matiere-là , & trem-
blant toujours qu'on ne lui fasse perdre sa gloire,
& le fruit de ses longs travaux. Que vous semble
de ce bisarre savant? Est-ce folie? Est-ce fureur?
Ce sera tout ce qui vous plaira , pourvu que
vous m'accordiez une chose , savoir ; que le
Grammairien , cet animal surchargé d'infortunes , est , par un effet de ma bonté , si content , si amoureux de lui-même , qu'il ne voudroit pas changer d'état avec les plus riches &
les plus puissans Rois.

Les Poëtes ne m'ont pas tant d'obligation. Ce
n'est pas qu'ils ne soient fous ; mais c'est qu'ils
sont en droit & en possession de l'être. Il y a
long-tems qu'on l'a dit : *Les Poëtes , & les Peintres , sont une nation libre.* Les faiseurs de vers
font consister tout leur art , à débiter de pures
sottises , des contes ridicules , des fables absur-
des, pour divertir les fous. C'est pourtant sur
ces fadaises, qu'ils se promettent l'immortalité,
& qu'ils la promettent aux autres. *L'Amour-propre & la flatterie*, sont leurs fidelles conseilleres ;
& pour moi, je n'ai point d'adorateurs plus since-
res, ni plus constans.

(1) Les orateurs sont aussi des nôtres. Ce ne
sont pas mes plus fideles sujets, je l'avoue ; ils s'entendent un peu avec les Philosophes ; mais, outre
qu'étant inspirés aussi de l'amour-propre & de la

----

(1) Voyez la Figure pag. 129.

flatterie,

flatterie, ils font féconds en fottifes ; les plus
célebres d'entre eux n'ont-ils pas écrit férieufement fur la maniere de plaifanter ? L'auteur, quel
qu'il foit, qui adreffe à Herennius *l'art de par-*
ler, compte la Folie même entre les différentes
efpeces de la raillerie. Quintilien, ce Coryphee
des Rhéteurs, a fait fur le ris un chapitre plus
ample que l'Iliade d'Homere. Selon ces écrivains, la Folie a plus de vertu que la raifon ; &
il ne faut qu'une bonne plaifanterie, pour détruire le meilleur raifonnement. Enfin, poffé-

I

der l'art de faire éclater de rire par d'agréables
saillies, si cela n'est pas de mon ressort, je ne
m'y connois point.

Voici d'autres gens, à-peu-près de la même tour-
nure : ce sont ceux qui cherchent, dans leurs ouvrages de tête & de plume, une éternité de réputation. Généralement tous ces écrivains m'appartiennent; mais principalement ceux qui ne publient
que des sottises. Quant aux auteurs qui se piquent
de n'écrire que pour le bon goût, & qui consen-
tent même d'abandonner leurs livres à la critique
(1) de Perse & de Lælius, ils font plus de pitié
que d'envie : toujours l'esprit à la torture, ils pensent & repensent, ils ajoutent, ils changent, ils
retranchent & remettent, ils forgent & reforgent,
ils font & défont, ils consultent ; & avec toutes
ces peines-là, il se passera peut-être neuf ou dix
ans, avant que le manuscrit sorte de la presse. Qu'ils
sont à plaindre ces malheureux écrivains ! Jamais
contens de leur travail ! Et quelle est leur récompense ? Hélas ! un peu de fumée, l'approbation
d'un très-petit nombre de lecteurs. En bonne foi,
cela vaut-il la peine de sacrifier son sommeil, son
repos, ses plaisirs, enfin toutes les douceurs de la
vie ? Ajoutons que ces chercheurs d'immortalité
imaginaire ruinent leur santé, deviennent pâles,
maigres, chassieux, quelquefois aveugles ; s'atti-
rant beaucoup d'envie, sans sortir de la crasse de la
pauvreté, avançant leur vieillesse & leur mort.

____

(1) *De Perse & de Lælius.* Le Poëte Lucilius récusoit ces
deux habiles juges, disant, qu'il n'écrivoit que pour des sots.

Encore une fois, c'eft ainfi que le fage croit ne pouvoir jamais acheter affez l'honneur d'être loué de deux ou trois perfonnes de fa forte.

Mais parlez-moi d'un auteur qui écrit fous mes aufpices & dont je fuis la Minerve. Il ne connoît ni méditation, ni tranchée de cervelle, ni veilles : tout ce qui lui vient dans l'efprit, lui femble admirable ; & à peine fa plume peut-elle fuivre fon imagination : il met toutes les impertinences qui fe préfentent ; & il n'a point regret au papier, fachant bien qu'en ne publiant que des fottifes, il aura pour approbateurs tous les fous & tous les ignorans. Cet homme-là n'eft-il pas un vrai bienheureux ? Il faut donc, direz-vous, qu'il renonce abfolument à l'encens des habiles & des doctes. Affurément le facrifice eft fort grand ! Rarement ces fins & favans critiques lifent mon homme ; mais quand tous le liroient, les méprifer pour ne s'attacher qu'aux fous, qu'aux ignorans, c'eft perdre quelques fuffrages pour gagner prefque tout le genre humain : y a-t-il là à balancer ?

(1) Les Plagiaires, néanmoins, l'entendent encore mieux : il leur eft fort aifé de s'approprier les ouvrages des autres, & de jouir d'une gloire, que ceux à qui ils la volent, n'ont acquife qu'à force de travail. Ces impudens n'ignorent pas que, tôt ou tard, on découvrira leur brigandage : mais ils efperent en profiter, du moins pendant quelque

---

(1) *Les Plagiaires.* On donnoit autrefois ce nom là aux voleurs d'enfans & d'efclaves.

tems. C'est un plaisir, de voir leur air content, quand on leur donne des louanges ; quand ils entendent dans la rue : *Tenez, le voilà cet homme admirable* ; quand ils se voient bien reliés, bien conditionnés, dans la boutique d'un Libraire. Leurs noms paroissent à la tête de chaque page ; il y en a tout au moins trois ; deux desquels sont étrangers, & ressemblent à des mots magiques. Ces noms ne signifient rien, & ne sont en effet que des noms : d'ailleurs, eu égard à la vaste étendue de la terre, il y a très-peu de gens qui connoissent ces noms-là ; encore moins qui en fassent cas, le goût n'étant pas plus uniforme chez les ignorans, que chez les habiles. Il arrive même souvent, que ces noms sont forgés, ou qu'on les emprunte des anciens : Télémaque, Stelene, Laerte, Polycrate, Thrasimaque, &c. Nos Plagiaires se font un grand honneur, de ressusciter ces noms morts, & de les adopter. Ils feroient tout aussi bien de se nommer Caméléon, Citrouille ; ou, suivant l'usage de quelques Philosophes, d'intituler leurs livres, *A & B*. Mais rien au monde n'est plus joli, que de voir ces ânes s'entre-gratter dans les lettres, dans la Poësie, dans les Eloges. Vous surpassez Alcée, dit l'un ; & vous Callimaque, répond l'autre : vous éclipsez l'Orateur Romain ; & vous, vous effacez le divin Platon. Quelquefois aussi ces Champions se défient au coup de lance, & ils entrent en lice, pour augmenter leur renommée par l'émulation. Le public, en suspens, ne sait quel parti prendre ſur la diſpute : mais la concluſion ordinaire, c'eſt que les braves antagoniſtes ont fait merveilles, & qu'ils méritent tous deux le laurier de la victoire, & les honneurs du triomphe. Vous vous moquez de ces fous, Meſſieurs les Sages, & vous n'avez pas tort : mais vous ne ſauriez me conteſter, que c'eſt moi qui fais tout le bonheur des méchans écrivains & des Plagiaires ; bonheur qu'ils préferent à toute la gloire des Héros. Ces habiles que je vois rire de ſi bon cœur, & qui jouiſſent de l'extravagance des autres, croient-ils donc ne m'avoir aucune obligation ? Il faudroit qu'ils fuſſent, ou bien aveugles, ou bien ingrats. Paſſons légérement en revue les profeſſions des doctes.

Les Juriſconſultes prétendent l'emporter ſur tous les autres ; & il n'y a pas de gens qui priſent tant leur art. Cet art n'eſt pourtant, dans le fond, qu'un travail (1) de Siſyphe. Ils font quantité de loix qui n'aboutiſſent à rien. Le Digeſte, le Code, tant d'autres gros volumes, qu'eſt-ce que tout cela ? Un fatras de Commentaires, de Gloſes, de Citations. Par-là ils font accroire au Vulgaire, que de toutes les Sciences, il n'en eſt point qui demande un génie plus ſublime, ni plus laborieux, que la leur ; & comme on trouve toujours beau ce qui paroît difficile, les ſots admirent cette Science là.

____

(1) *De Siſyphe.* Comme ce Damné des Poëtes paſſe tout ſon tems à rouler juſqu'au ſommet d'une montagne, une groſſe pierre, qui retombe auſſi-tôt ; de même, les Juriſconſultes ſe donnent beaucoup de peine pour rien.

Les Logiciens & les Sophiſtes viennent ici fort
à propos. Ces gens-là retentiſſent plus que tout
l'airain (1) de Dodone ; & il n'y en a pas un qui
ne cauſe plus lui ſeul, que vingt femmes enſemble,
quand on les choiſiroit tout exprès pour excéler
en *babil.* Il feroit à ſouhaiter pour eux , qu'ils
n'euſſent que le défaut d'avoir trop de langue :

_____

(1) *De Dodone.* Il y avoit , dans le Temple dédié à Jupiter , un endroit où pluſieurs chauderons d'airain étoient tellement diſpoſés , qu'en frappant ſur le premier , le ſon ſe com-
muniquoit ſucceſſivement juſqu'au dernier ; ce qu'on a pris
pour le ſymbole des querelleurs.

mais, comme s'ils étoient pétris de bile, ils querellent, ils s'échauffent fur un rien; & à force de difputer pour le vrai (à ce qu'ils prétendent) ils perdent la vérité. Ces chicaneurs éternels n'en font pas moins contens d'eux-mêmes : au lieu d'épée, mettant l'argument à la main, ils défient au combat qui que ce foit, & fur quoi que ce foit. L'opiniâtreté eft pour eux un bouclier impénétrable: ils ne cedent jamais, quand ils auroient à faire à (1) un Stentor.

Suivent les vénérables Philofophes ! Ne manquez pas au refpect dû à leur barbe & à leur manteau. Ils fe vantent que toute la Sageffe eft renfermée dans leur petit troupeau. Excepté nous, difent-ils fiérement, tous les hommes ne font que des ombres d'humanité. Tirons ce rideau d'orgueil & de préfomption : que font les Philofophes ? D'agréables fous. On ne peut tenir fon férieux, lorfqu'on les entend foutenir gravement la pluralité des mondes : le Soleil, la Lune, les Etoiles, les Globes, tous ces vaftes corps leur font connus comme s'ils les avoient mefurés avec le pouce, ou avec un fil: ils vous rendent raifon des tonnerres, des vents, des éclipfes, & de tous les autres myfteres de la Phyfique ; ils n'héfitent fur rien : on s'imagineroit, qu'ils étoient du grand Confeil des Dieux, qu'ils étoient les Secrétaires de la nature, lorfque

____

(1) *Un Stentor.* Homere le repréfente comme le plus grand des criards, & dont la voix égaloit les voix de cinquante hommes.

tout paſſa du néant à l'être. Cependant, cette
habile ouvriere de l'univers ſe moque de leurs
conjectures. En effet, il ſuffit de réfléchir ſur l'é-
trange contrariété de leurs ſentimens, pour tomber d'accord, qu'ils n'ont aucune connoiſſance
certaine. Ils ſe vantent de ſavoir tout, & ne s'accordent ſur rien. Les Philoſophes ne ſe connoiſſent pas eux-mêmes: pendant qu'ils s'élevent aux
plus hautes ſpéculations, ils tombent dans une
foſſe qu'ils ne voyoient pas, ou ils ſe caſſent la

tête contre une pierre. Quoiqu'ils se soient gâté
la vue à force de regarder la nature de trop près,
& quoique leur esprit soit presque toujours en
voyage, ils ne laissent pas de bien distinguer les
Idées, les *Universaux*, les *Formes substantielles,*
la *Matiere premiere*, les *Eccëités*, les *Quiddi-*
tés, les *Entités*, tous objets si menus, que, si
je ne me trompe, on ne pourroit pas les appercevoir avec des yeux de Lynx. Mais jamais ils
ne marquent plus de mépris pour le profane
vulgaire, que dans les Mathématiques : (1) ce
sont des triangles, des quarrés, des cercles, &
d'autres figures semblables ; ils les mêlent & les
confondent en forme de labyrinthe : ce sont aussi
des lettres rangées comme un bataillon séparé
en plusieurs Compagnies. C'est par ces mommeries qu'ils éblouissent les sots. N'oublions pas les
Astrologues (2). Ces heureux Clairvoyans ont le
ciel pour bibliotheque, & les astres pour livres.
En vertu de cette étude, ils sont sûrs de l'avenir ;
ils l'annoncent, ils prédisent des choses dont les
meilleurs Magiciens n'oseroient se mêler : & le
bon de l'affaire, c'est qu'ils trouvent des disciples,
& qu'ils font des persuadés.

Parlerai-je des Théologiens? (3) Ce ne sera pas
sans crainte : la matiere est délicate, & il vaudroit
peut-être mieux ne pas toucher cette corde-là. Ces
interprètes de la langue céleste prennent feu com-

---

(1) Voyez la Fig. pag. 138.   (2) Voy. la Fig. pag. 139.
(3) Voyez la Fig. pag. 140.

me le falpêtre ; ils ont le fourcil terriblement élevé :
en un mot, ce font de dangereux ennemis. Avez-
vous encouru leur difgrace, ils fe jettent fur vous
comme des ours en fureur ; ils s'y acharnent & ne
lâchent prife qu'après vous avoir obligé, par une
enfilade de conféquences bonnes ou mauvaifes,
à vous faire chanter la palinodie. Refuferai-je de me
dédire, tout aufli-tôt la folie eft hérétique, mais

non brûlable, car je suis Déesse. C'est en montrant cette foudre, c'est en criant à l'hérétique,
à l'athée, qu'ils font trembler ceux qu'ils n'aiment pas. Quoiqu'il n'y ait pas de gens au monde
qui affectent plus de méconnoître mes bienfaits,
il est pourtant vrai qu'ils me font très-redevables.
J'ai ordonné à ma Philautie, à la Déesse *Amour-*
propre, de les favoriser plus que les autres hom-

mes ; & effectivement, ils font fes mignons.
Comme fi ces Anges corporels étoient établis dans
le troifieme ciel, ils regardent, du faîte de leur
élevation, tous les mortels comme des bêtes ram-
pantes, & ils en ont pitié. Environnés d'une
troupe de *définitions* magiftrales, de *conclufions*,
de *corollaires*, de propofitions *explicites & impli-*

ites, ce qui compose la milice de l'école sacrée ; ils trouvent tant de moyens d'échaper, que Vulcain même ne pourroit pas les retenir, eût-il le filet dont il se servit pour montrer aux Dieux sa nouvelle paire de cornes. Il n'y a point de nœud que ces Messieurs ne coupent du premier coup avec le couteau du *Distinguo ;* couteau formé de tous ces termes monstrueux qui sont nés dans le sein de la scholastique.

(1) Voyons nos Oracles, dans leur plus sublime fonction ; voyons-les interpréter les mysteres cachés de la doctrine du salut. S'agit-il de la création, du péché originel, de l'incarnation, de l'eucharistie ? ces matieres sont trop rebattues ; il faut les laisser aux apprentifs theologiens. Mais voici les questions dignes des plus grands maîtres, des maîtres *illuminés*, comme ils disent : aussi, dès qu'ils tombent sur ces sujets-là, ils se réveillent, ils se raniment. Or, écoutez quelqu'unes de ces fines & importantes interrogations. Y-a-t-il un instant dans la génération divine ? Jesus-Christ a-t-il plusieurs filiations ? Cette proposition, *Dieu le Pere hait son Fils*, est-elle possible ? Dieu a-t-il pu s'unir personnellement avec une femme, avec le Diable, avec un âne, avec une citrouille, avec un caillou ? En cas que Dieu se communiquât à la nature *citrouillere*, comme il a fait à la nature humaine, comment cette heureuse & divine citrouille pré-

____

(1) Voyez la Figure pag. 142.

cheroit-elle, feroit-elle des miracles, feroit-elle crucifiée ? Qu'eſt-ce que Saint Pierre auroit conſacré, s'il avoit dit la meſſe lorſque le corps de Jeſus-Chriſt pendoit encore à la croix ? Pouvoit-on dire dans ce tems-là, que le Sauveur étoit un vrai homme ? Sera-t-il permis de boire & de manger, après la réſurrection ? Ce doute là tient beaucoup au cœur à ces Meſſieurs; & l'affirmamative de la queſtion les accommoderoit bien. Ne

font-ce pas là de belles fleurs ; & l'arbre théologique, qui en eft tout couvert, ne doit-il pas porter des fruits excellens.

Ils ont encore bien d'autres fubtilités plus poin-
tues : les inftants de la génération divine, les no-
tions, les relations, les formalités, les quiddités,
les eccéïtés, tant d'autres chimeres de cette nature ; je défie qui que ce foit de les appercevoir,
à moins qu'il n'eût la vue affez perçante pour diftinguer, à travers les ténebres les plus épaiffes,
des objets qui ne font nulle part. Joignons à tout
cela leur morale outrée & fi contradictoire, que
les paradoxes des Stoïciens n'étoient, en compa-
raifon, que de la drogue de charlatan. Par exemple : *Ce feroit* (1) *un moindre crime, d'égorger mille
hommes, que de raccommoder le foulier d'un pauvre,
le Dimanche. Il vaudroit mieux laiffer rentrer dans
le néant, l'univers & toutes fes dépendances, que de
dire le moindre menfonge.* Ce qui fubtilife encore ces
très-profondes fubtilités, ce font toutes ces différentes routes de l'école : vous fortiriez plus aifé-
ment d'un labyrinthe, que vous ne vous débarraf-
feriez des enveloppes des Réaux, des Nominaux,
des Thomiftes, des Albertiftes, des Occaniftes,
des Scotiftes. .... Ah ! je perds haleine ; & cependant, ce ne font là que les principales fectes de l'é-
cole : vraiment, il y en a bien d'autres ! Combien
penfez-vous qu'il y ait de fcience & d'épines, dans

---

(1) *Un moindre crime.* Leur raifon eft, que tuer ne regarde
que le prochain ; mais, violer le Dimanche, cela regarde Dieu
immédiatement.

tous ces partis-là. Si les Apôtres defcendoient ici-
bas , & qu'ils fuffent obligés de difpnter avec les
Théologiens modernes fur ces hautes matieres , je
crois qu'il faudroit aux Apôtres tout un autre efprit que celui qui les faifoit parler. St. Paul avoit
de la foi : mais quand il dit , *la foi eft la fubftance
des chofes à efpérer & l'argument de ce qui ne paroit
point* , fa définition n'eft pas affez magiftrale. Le
même Apôtre étoit embrafé du feu de la charité ;
mais il n'a ni défini , ni divifé en bon logicien , cette vertu au XIII chapitre de fa I. aux
Corinthiens. Les Apôtres confacroient avec dévotion , avec piété , le facrement de l'Eucha-
riftie : mais s'il leur eût fallu éclaircir le mouvement local de la confécration , la tranfubftantiation , la réproduction , c'eft-à-dire , comment un
même corps peut être en même tems en plufieurs lieux ; avec quelle différence le corps de
Chrift eft au ciel , fut fur la croix , & eft dans le Sa-
crement ; à quel inftant la tranfubftantiation peut
fe faire , puifque les paroles *facramentales* , comme
ils parlent, étant compofées de fyllabes & de mots,
ne peuvent fe prononcer que fucceffivement : fi ,
dis-je , ces premiers Théologiens du Chriftianifme
avoient eu à réfoudre ces difficultés , je crois qu'ils
auroient eu grand befoin du fecours des Scotiftes,
qui font de vrais Argus dans *l'Ergotifme*. Les Apôtres avoient l'honneur de connoitre la Mere de Jefus : aucun d'eux en a-t-il fu autant que nos Théologiens ? Ils ont prouvé géométriquement , que

cette

cette fille féconde avoit été préservée de la contagion du Pere Adam.   Saint Pierre a reçu les clefs, & les a reçues de l'Homme-Dieu, qui n'étoit pas pour les mettre en mauvaise main. Je ne sais pas trop si ce bienheureux Pêcheur savoit ce que c'étoit, que ces clefs métaphoriques : toujours est-il certain, qu'il ne demanda pas à Dieu son Maître, comment il se pouvoit qu'un grossier & ignorant preneur de poisson eût la clef de la Science ? Les Apótres baptisoient de tous côtés: pourquoi n'ont-ils pas enseigné ce que c'est que la cause formelle, matérielle, efficiente du saint Baptême ? Pourquoi ne point faire mention des caracteres effaçables & ineffaçables ? Ils adoroient, ces Fondateurs de la Religion Chrétienne ; mais leur adoration rouloit uniquement sur ce principe fondamental de l'Evangile : *Dieu est Esprit, & il faut que ceux qui l'adorent, l'adorent en esprit & en vérité.* Cela ne suffisoit pas : ils devoient prêcher aussi, que le culte, nommé de *Latrie* dans l'école, n'est pas plus dû à Jesus-Christ en personne, qu'à ses images barbouillées en charbon contre la muraille ; figures qui représentent le Fils de Dieu, les deux doigts du milieu étendus, comme donnant la bénédiction, la tête ornée d'une longue chevelure & brillante de rayons : sans ces trois circonstances, l'image ne seroit pas adorable. Mais à quelle source les saints Apótres auroient-ils puisé cette érudition salutaire ? Avoient-ils blanchi sous le harnois ? avoient-ils *ferraillé* trente ans dans l'arene

K

physique, ou métaphysique d'Aristote & des Scotistes ? Les Apôtres parlent quelquefois de la
grace ; mais ils ne distinguent point la grace gra-
tuite, d'avec la grace gratifiante. Ils exhortent
aux bonnes œuvres ; mais ils ne mettent aucune
différence entre l'action méritoire , & l'action qui
opere par sa propre vertu. Ils recommandent la
charité, sur tous les autres préceptes ; mais ils
ne séparent point l'infuse d'avec l'acquise ; ils
n'expliquent point si cette aimable & divine vertu
est substance, ou accident ; si elle est créée, ou
incréée. Ils détestent le péché ; mais, que je meure !
s'ils auroient pu définir savamment ce que nous
appellons péché, à moins qu'ils n'eussent été inspirés du Saint Esprit des Scotistes. Si Saint Paul,
par qui on doit juger de tous les Apôtres, avoit
eu une bonne théorie du péché, auroit-il condamné tant de fois les contentions, les débats, les
questions, les disputes de mots ? Franchement, il
n'entendoit rien à la finesse d'esprit, ni aux pointes de nos modernes : & en effet, les controverses
qui s'élevoient dans l'Eglise naissante, n'étoient
que des pauvretés, quand on les compare avec
le raffinement de Messieurs nos Maîtres ; ils surpas-
sent le Sophiste Chrysippe. Rendons pourtant justice à leur modestie : ils ne condamnent pas absolument ce que les Apôtres ont écrit avec peu de
justesse & de précision ; ils se contentent de l'interpréter favorablement ; voulant bien avoir cette
honnête complaisance, partie pour la vénérable
antiquité, partie pour l'Apostolat. Et puis, il se-

roit certainement fort déraisonnable, de demander
compte aux Apôtres de ces hautes matieres, vu que
leur divin Catéchiste ne leur en a jamais dit un mot.

On ne fait pas la même grace aux Chrysostomes,
aux Basiles, aux Jerómes, aux Peres de l'Eglise;
on leur met fort bien en apostille: *Cela n'est pas
reçu.* Ces anciens Docteurs avoient à combattre les
Philosophes païens & les Juifs, gens fort opiniâ-
tres de leur nature; mais ils les réfutoient plus
par de pieux exemples, & par des miracles, que
par des argumens: & de plus, les premiers ennemis du Christianisme étoient d'un génie si borné,
qu'ils n'auroient jamais pu concevoir aucun principe de Scot. Mais à présent? Païens, Infideles,
Juifs, Hérétiques, paroissez tous, si vous osez;
on vous en défie. Qui ne baissera pas la lance, qui
ne se convertiroit pas, étant couvert, & comme
criblé de traits si pointus? Il n'y aura que des hommes, ou trop stupides pour comprendre ces sub-
tilités, ou assez impudens pour s'en moquer, ou
munis des mêmes armes, qui accepteront le défi;
non, il n'y aura que ces gens-là qui refuseront de
se rendre: alors, il en seroit des derniers, comme
si vous mettiez aux prises un Magicien avec un
Magicien; ou comme si quelqu'un, ayant une
épée enchantée, se battoit contre un ennemi qui
fût armé de même; car en ce cas-là, ce seroit la
toile de Penelope (1). A propos de combat: il
me semble que les Chrétiens devroient changer de

____

(1) Voyez la Fig. pag. 148.

troupes , dans leurs guerres contre les infideles.
Au-lieu de cette lourde & grossiere soldatesque,
qu'ils emploient depuis si long-tems inutilement
aux croisades , que n'envoient-ils contre les Turcs
& les Sarrasins , les Scotistes bruyans, les Occa-
nistes entêtés , les Albertistes invincibles, & toute
la Milice Sophistique qui soutiendroit ces troupes
réglées ? Ce seroit, je crois, une Bataille bien
agréable ; on n'auroit jamais vu une telle victoire.
Qui seroit assez de glace, pour ne pas s'enflammer

au feu de ces difputes? Qui feroit affez pefant,
pour ne pas avancer à la piquûre de ces éperons?
Qui auroit d'affez bons yeux, pour ne pas fe
laiffer éblouir par le grand jour de ces fubtilités?
Vous prenez cela pour un badinage? Vous avez
raifon. Cette armée ne feroit pas même fi nom-
breufe que vous penfez. Il y a dans l'ordre des
Théologiens, des hommes d'un favoir judicieux &
folide, à qui ces fubtilités, qu'ils traitent de frivoles, d'impertinentes, font mal au cœur : il en eft
même d'une confcience fi tendre, qu'ils en ont horreur, comme d'une efpece de Sacrilege. Quelle
horrible impieté, s'écrient-ils ! Au lieu d'adorer la
profondeur de nos Myfteres, puifqu'ils ne font
Myfteres que pour cela, on veut leur dévoiler. Et
comment? Par des pointilleries auffi froides que celles des Païens : on s'arroge infolemment le droit
de définir, de divifer des vérités incompréhenfi-
bles ; & on profane la majefté de la Théologie
par des mots, par des fentences qui n'ont rien
que d'infipide, rien que de bas.

Doucement, fenfés & religieux critiques ; point
d'emportement de zele ! auffi bien vous y perdrez
votre latin. Ces *Ergoteurs* font fi enflés du vent &
de la fumée de leur érudition vuide & toute ver-
bale, qu'ils n'en démordront point. Occupés jour
& nuit à goûter la douceur de leur chicane, ils ne
fe donnent pas même le tems de lire une fois l'Evangile, ou les Epîtres de Saint Paul. Cependant, ap-
pliqués à ces fottifes dans leurs écoles, ils ne laif-

ʃent pas de s'imaginer que l'Egliʃe tomberoit, dès
qu'ils ceʃʃeroient de la ʃoutenir; ils s'en croient
les appuis & les Atlas. Autre grand ʃujet de félicité
pour nos diʃputeurs : (1) l'Ecriture eʃt entre leurs
mains, comme un morceau de cire : ils donnent
à ce livre des oracles, telle forme qu'il leur plaît :
ils prétendent que leurs déciʃions ʃur les volumes
ʃacrés, auxquelles pluʃieurs Scholaʃtiques ont déja
ʃouʃcrit, ʃoient plus reʃpectées que les loix de Solon,
& qu'elles marchent même avant les ordonnances
des Papes : ils s'érigent (2) en Cenʃeurs du monde;
& dès qu'on s'éloigne tant ʃoit peu de leurs con-
cluʃions directes & indirectes, ils vous contraignent
de vous retracter. Vous les entendez prononcer
ʃur le ton d'oracle : *Cette propoʃition eʃt ʃcandaleuʃe;
celle-ci eʃt téméraire ; celle-là ʃent l'héréʃie ; cette autre ʃonne mal.* Ainʃi, ni le baptême, ni l'Evangile,
ni Paul, ni Pierre, ni Jérôme, ni Auguʃtin, non
pas même Thomas d'Aquin, quoique grand Ariʃ-
totélicien, tous ces Saints-là, dis-je, pris enʃemble
ne ʃauroient faire un Orthodoxe, ʃans l'agrément
des Sieurs Bacheliers; tant leur ʃubtilité eʃt néceʃ-
ʃaire pour bien juger de l'Ortodoxie. Qui ʃe feroit
jamais défié que celui-là n'étoit pas Chrétien, qui

(1 *L'Ecriture.* &c. Eraʃme en veut ici à ceux qui, au lieu
d'accommoder leur ʃens à l'Ecriture, accommodent l'Ecriture
à leur ʃens : par exemple, ils entendent figurément, par les
deux Epées de Saint Pierre, la double puiʃʃance du Pape; ce
qui eʃt amené par machine.

(2 *Cenʃeurs.* Le Cenʃeur de Rome étoit maître & juge des
mœurs, & à la requiʃition, le Sénateur étoit chaʃʃé du Sénat,
le Chevalier perdoit le cheval public, & le Plébeïen étoit condamné à l'amende.

foutenoit que ces deux propofitions, *Socrate tu cours*, *Socrate court*, étoient également bonnes, s'il n'avoit plu aux favans Théologiens d'Oxford de nous l'apprendre, en foudroyant ces deux damnables propofitions ? Comment l'Eglife auroit-elle été purgée de tant d'erreurs, puifqu'il n'étoit pas permis de les lire, avant qu'on eût appliqué fur les propofitions condamnées le grand fceau de l'Univerfité ? N'appellez-vous donc pas cela des gens heureux ? Pourfuivons. Ces docteurs en rien débitent de fi belles chofes fur l'Enfer ! ils en connoiffent les divers appartemens ; la nature & les différens degrés du feu éternel ; les divers emplois des Diables ; enfin, ils parlent de la République des Damnés, comme s'ils en avoient été membres pendant plufieurs années. De plus, ils créent de nouveaux cieux, lorfqu'ils le jugent à propos : fur-tout, le dixieme ciel, qu'ils nomment *Empyrée*, & qu'ils ont bâti tout exprès pour les bien-heureux. Ah ! qu'il y fait beau & bon ! Au refte, n'étoit-il pas jufte, que les ames *glorifiées* euffent un vafte & charmant féjour, où elles puffent prendre leurs *ébats*, faire des feftins, & jouer à la paume ?

Nos *Eplucheurs* ont la cervelle fi remplie, fi agitée de toutes ces fadaifes, que Jupiter n'étoit pas plus gros du cerveau, lorfque, voulant accoucher de Pallas, il implora la hache de vulcain (1). Ne vous étonnez donc pas, fi, dans les difputes publiques, ils ont grand foin de fe parer la tête de

____

(1) Voyez la Fig. pag. 152.   K 4

tant de bandes; c'eſt pour empêcher, par ces
liens honorables, que leur cervelle, ſurchargée
de ſcience, ne rompe de tous côtés. Je ne puis
m'empêcher de rire; (jugez de là s'il y en a ſujet,
car la Folie trouve rarement du ridicule); je ne
puis donc m'empêcher de rire, quand j'écoute
ces illuſtres perſonnages: ils bégayent plutôt
qu'ils ne parlent; ils ne ſe réputent tout-à-fait
Théologiens, que lorſqu'ils ſavent parfaitement
leur barbare & vilain jargon: il n'y a que ceux du

métier qui puiſſent les entendre ; mais ils en font gloire, diſant arrogamment, qu'ils ne parlent pas pour le vulgaire profane. C'eſt, ajoutent-ils, c'eſt avilir la dignité de la ſainte écriture, de l'aſſujettir aux regles de la Grammaire, & aux *vétilles* du Puriſme. Admirons la majeſté des Théologiens ! A eux ſeuls permis de faire des fautes dans le langage ; & il n'y a tout au plus que la canaille, qui ait droit de leur diſputer cette prérogative. Enfin, ils ſe placent immédiatement au deſſous des Dieux ; & lorſque, par une vénération preſque religieuſe, on les appelle *nos Maitres*, ils s'imaginent voir dans ce titre quelque choſe de ce nom *ineffable*, compoſé de quatre lettres, qui étoit ſi adorable chez les Juifs. C'eſt dans cette prévention que, ſelon eux, on doit toujours écrire ce *NOTRE MAITRE* en gros caracteres : ce titre eſt même ſi myſtérieux, que ſi en latin on renverſoit l'ordre des deux mots, & qu'on mît *noſter* devant *Magiſter*, tout ſeroit perdu ; ou du moins, l'honneur du nom théologique ſeroit bien gâté.

(1) A la ſuite de ceux-là paroit la meilleure eſpece du genre animal : ce ſont ces ſequeſtrés qu'on appelle *Religieux & Moines*. Ce ne peut être à préſent que par un grand abus, qu'on les nomme ainſi. Communément parlant, il n'y a pas de gens qui aient moins de Religion ; & puiſque *Moine* ſignifie *Solitaire* ; à qui ce nom-là peut-il convenir plus mal, qu'à des hommes qu'on rencontre par-tout ? Que deviendroient-ils ſans mon ſecours, ces pau-

___
(1) Voyez la Fig. pag. 154.

vres cochons des Dieux? Ils font tellement haïs,
qu'on les prend pour des oiseaux de mauvais pré-
fage; il semble qu'on voye le Diable. Avec tout
cela, ils s'aiment éperdument; ils font fous d'eux-
mêmes. Premiérement (1) leur principale dévotion eft de ne rien favoir, non pas même lire.

____

(1) *Leur principale dévotion.* Originairement, les Moines
étoient de francs ignorans, comme les Bénédictins, & les
compagnons de François d'Affise: il y en avoit encore du
tems d'Erafme, qui regardoient la Science comme une ir-
religion, étant eux-mêmes plutôt des ventres, que des
hommes.

Enſuite, ſans ſe mettre en peine d'entendre leurs Pſaumes, ils ſe croient aſſez doctes, d'en bien retenir le nombre ; & quand ils les chantent au chœur, ils s'imaginent charmer le ciel par leur Muſique d'âne. Parmi ce monde bigarré de *Lucarniers*, il y en a qui font parade de leur craſſe & de leur mendicité : on les voit demander aux portes, mais d'un air auſſi hardi que s'ils demandoient une dette : Auberges, cabarets, charriots, barques, voitures, ils importunent par - tout, au grand préjudice des Mendians ordinaires. C'eſt ainſi que ces grands donneurs de bénédictions prétendent, par leur ſaleté, par leur ignorance, par leur groſſiéreté, par leur effronterie, prétendent, dis-je, nous repréſenter les Apôtres. Rien ne me divertit davantage, que cet ordre exact & précis qu'ils obſervent dans tout ce qu'ils font: tout va chez eux par compas & par meſure. Tant de nœuds au ſoulier; la ſangle, d'une telle couleur; la robe, bigarrée de tant de pieces; la ceinture, de telle matiere, & de telle largeur; le coqueluchon, de telle forme, & de telle amplitude; la couronne, de tant de doigts; manger à telles heures, de tels alimens, & en telle quantité; ne dormir que tant de tems, &c. Or vous jugez bien que cette grande uniformité ne peut pas s'accorder avec la variété infinie des eſprits & des corps. C'eſt pourtant par ce dehors réglé, que les Moines non ſeulement mépriſent ceux qu'ils appellent les *Séculiers*, mais ſe font même entre eux de groſſes querelles; & ces ſaintes ames, qui font profeſſion de la charité apoſtolique, s'entre-déchirent pour une ceinture différente, ou pour une couleur un peu trop brune.

Il en eſt parmi ces Révérends, qui montrent l'habit de pénitence & de mortification; mais qui ſe gardent bien de laiſſer voir leur chemiſe fine: d'autres au contraire, portent la chemiſe ſur l'ha-

bit, & la laine deſſous. Les plus réjouiſſans, à mon
avis, ſont ceux qui, à la vue des eſpeces mon-
noyées, reculent comme à celle d'une herbe véni-
meuſe : *Otez, ôtez,* ſe récrient-ils, *nous ne touchons
point l'argent.* O les *Caffards !* Ils n'épargnent pas
leurs cinq ſens de nature pour les femmes & le vin.
Enfin, vous ne ſauriez croire combien ils s'étudient
à ſe diſtinguer en tout les uns des autres. Imiter
Jeſus-Chriſt ? c'eſt de quoi ils ſe ſoucient le moins.
Mais on les chagrineroit en leur diſant, vous avez

pris cela & cela de tel & tel ordre. Doutez-vous
aussi que cette énorme variété de surnoms & de titres ne les chatouille pas beaucoup. Les uns font
gloire de se dire *Cordeliers* ; & ce tronc a pour bran-
ches, les *Colets*, les *Mineurs*, les *Minimes*, les
Bullistes. Les uns font *Bénédictins*, les autres *Ber-*
nardins ; ceux-là de *Sainte-Brigide* ; ceux-ci, de
Saint Augustin ; les uns, *Guillemins* ; les autres
Jacobins : car il ne suffit pas à toute cette milice

enfroquée, d'avoir reçu le nom de Chrétien. La plupart de ces gens-là comptent si fort sur leurs cérémonies & sur de petites traditions humaines, qu'ils croient le Paradis au dessous de leurs mérites ; cependant, Jesus-Christ, sans avoir égard à toutes ces singeries, ne jugera les hommes que sur la charité, qu'il appelle par excellence son commandement. Au terrible jour du jugement, ils présenteront leurs ventres engaissés de toute sorte de poissons, le chant des Psaumes, leurs jeûnes rigoureux, & qui ont mis leur vie en danger : l'un produira un tas de pratiques monacales, assez gros pour charger sept vaisseaux ; l'autre se vantera d'avoir été soixante ans sans toucher d'argent, qu'avec deux doigts bien enveloppés : l'un montrera son froc si sale & si gras, qu'un batelier ne voudroit pas le porter ; l'autre se glorifiera d'avoir vécu cinquante-cinq ans (1) comme une éponge, toujours attaché au même cloître : l'un fera voir qu'il a perdu la voix à force de chanter ; l'autre, que la grande solitude lui a démonté la cervelle ; l'autre, que le silence lui a épaissi la langue. Mais Jesus-Christ, interrompant toutes ces vanteries, qui sans cela n'auroient jamais fini, de quel pays, dira-t-il, vient ce nouveau genre de Juifs, avec leurs

_____

(1) *Comme une Eponge.* Erasme compare les Moines qui ne changent jamais de maison, comme les chartreux, par exemple, à l'éponge ; parce qu'elle est toujours attachée à son rocher.

cérémonies ? Je n'ai donné aux hommes qu'une feule loi ; je la reconnois pour être vraiment la mienne ; & tous ces *Frapards*-ci n'en difent pas un mot ? J'ai promis autrefois ouvertement, & fans figures, l'héritage de mon pere, non à des frocs, à de petites oraifons, à des abftinences, mais aux devoirs de la charité. Je ne connois point ces gens qui connoiffent trop leurs œuvres prétendues méritoires, & qui veulent même paffer pour plus faints que moi. Qu'ils cherchent, s'ils veulent, un ciel à part ; qu'ils fe faffent bâtir un Paradis, par ceux dont ils ont préferé les traditions frivoles à la fainteté de mes préceptes. A cet arrêt épouvantable, & voyant d'ailleurs qu'on leur préférera des matelots & des charretiers, quelle fera leur confternation ? Ils fe contentent toujours à bon compte, par leur folle efpérance ; & c'eft moi qui la leur donne, & qui l'entretiens.

J'ai ici un avis important à vous donner. Quoique cette génération bâtarde foit féparée de la République, on n'oferoit pourtant pas la méprifer, fur-tout les mendians : c'eft qu'ils favent tous les fecrets, par le canal de ce qu'ils appellent la *Confeffion*. Il eft vrai qu'ils fe font un crime capital de la révéler ; mais ils ne laiffent pas de le faire quelquefois ; c'eft lorfque le vin leur échauffe le crane, & les met en belle humeur : alors, ils rendent par la bouche, le meilleur de ce qui leur eft entré par les oreilles ; mais en prenant certains détours, & fans

nommer

nommer perſonne. Si quelqu'un a le malheur d'a-
voir irrité ces Frélons, la vengeance vient en poſte :
dès le premier Sermon, pas plus tard, la mauvaiſe
mouche darde ſon aiguillon ; & le *Prêcheur*, dans
ſes invectives de morale, dépeint ſi bien ſon ennemi, quoiqu'en mots couverts, qu'il faudroit
être aveugle pour ne pas reconnoître le portrait.
Et comptez que le Dogue ne lâchera point priſe,
juſqu'à ce que vous l'ayez appaiſé, comme Enée
appaiſa Cerbere (1), c'eſt-à-dire, en lui jettant

(1) Voyez la Fig. pag. 161.   L.

de quoi manger & de quoi l'endormir. Puisque nous tenons ces bons Apôtres en chaire, n'est-il pas vrai qu'il n'y a point de Comédien, point de Bateleur que vous ne quittassiez pour leurs prédications? On pourroit les nommer les singes de Rhéteurs, tant ils imitent plaisamment les regles de l'éloquence & de l'art de parler en public. Bons Dieux! Hé Messieurs, je vous en prie, regardez-les un peu gesticuler, hausser, ou baisser la voix; chanter, & tout d'un coup bourdonner; prendre un nouveau visage, selon le rôle; se tourmenter comme des possédés; faire retentir tout le Temple de leur bruit & de leur tonnerre. C'est dans le cloître même qu'ils apprennent cette maniere véhémente d'évangéliser; & les moines se la communiquent les uns aux autres, comme un grand secret. N'étant qu'une femelle divine, il ne m'appartient pas d'être initiée à un mystere si profond: je ne laisserai pourtant pas de vous dire ce que j'en ai remarqué.

Ils débutent par une invocation, ce qu'ils ont emprunté des Poëtes; ensuite ils font un exorde qui n'a nulle liaison avec le sujet qu'ils ont à traiter. Vont-ils prêcher la charité? ils commencent par le fleuve du Nil; le mystere de la croix; par Bel, ce dragon fabuleux de Babylone; l'abstinence du carème; par les douze signes du Zodiaque; la foi; par la quadrature du cercle; ainsi du reste. Moi qui vous parle, j'ai oui un de ces prêcheurs, homme d'une folie consommée; pardon, je m'y méprends toujours, je voulois dire d'une doctrine consommée : cet orateur donc, devoit approfondir le myſtere impénétrable de la Trinité ; mais, pour établir la ſublimité de ſon ſavoir & pour contenter les oreilles théologiques, il dédaigna de ſuivre le chemin battu ; mais quelle fut ſa route ? Il n'y avoit qu'un auſſi grand homme que lui, qui pût la choiſir. Il ouvre ſon diſcours par l'Alphabet ; après avoir récité fidellement & avec une mémoire prodigieuſe, ſon A. B. C., il paſſe des lettres aux ſyllabes, des ſyllabes aux mots, des mots à l'accord du nom avec le verbe & du ſubſtantif avec l'adjectif. Tout l'auditoire étoit dans le dernier étonnement ; quelques-uns s'entredemandoient avec Horace,

Quel peut-être le but de ſi grandes ſottiſes ?

Le Pere Prédicateur mit bientôt ſon monde hors d'inquiétude ; il montra que les élémens de la grammaire étoient le ſymbole & l'image de la *Sacro-Sainte* Trinité ; & il montra cela auſſi évidemment qu'aucun Géométre puiſſe faire ſes démonſtrations. Auſſi eſt-il vrai que cette piece très-théologique avoit extrêmement coûté à cet aigle des Théologiens ; il avoit mis huit bons mois à compoſer ce ſermon-là : le pauvre homme s'en ſent encore ; & les grands efforts qu'il lui fallut faire pour un ſi beau chef-d'œuvre, n'ont pas peu contribué à le rendre plus aveugle qu'une taupe, toute la force de la vue ayant été attirée par la pointe de l'eſprit. L'extinction de ſes yeux ne lui fait pas la moindre peine ; & il trouve même qu'il a acquis ſa gloire à trop bon marché. L 2

J'ai eu encore le plaifir d'entendre un autre *Sermonneur* de la même trempe : c'étoit un vénérable *Barbon* de quatre-vingt ans, mais fi rompu dans la théologie, qu'on l'auroit pris pour Scot reffufcité. Ce bon vieillard étoit monté en chaire, pour expliquer le myftere adorable du faint nom de Jesus. Ah ! qu'il y réuffit admirablement ! Il démontra, mais avec une fubtilité inimaginable, que tout ce qu'on pouvoit dire à la gloire du Sauveur, fe trouvoit dans les lettres de fon augufte nom. Savez-vous tous le latin, Meffieurs ? Ceux qui ne le favent pas, n'ont qu'à dormir un moment. En premier lieu, le vieux *Cathédrant* fit remarquer, que le fubftantif *Jefus* n'a que trois cas différens dans fa déclinaifon, le nominatif, l'accufatif & l'ablatif; (rare & curieufe doctrine ! je vous plains, vous autres qui n'y entendez rien.) Or, qu'eft-ce que ces trois cas fignifient ? Cela fe peut-il demander ? On reconnoît là vifiblement les trois perfonnes divines, en une même nature. Voici bien autre chofe ! De ces trois cas, le premier, remarquez bien, finit par une S, *JefuS*; le fecond, par une M, *JefuM*; & le troifieme, par un U, *JefU*. Grand Myftere, mes Freres ! Ces trois lettres finales veulent dire, que le Sauveur eft à la fois, le faîte, le milieu, & le plus bas, *Summus*, *Medius*, *Ultimus*. Il reftoit à réfoudre une difficulté plus épineufe qu'aucun probléme de Mathématique : on en vint à bout néanmoins. Le vieux *Routier* eut l'adreffe de divifer le terme *JESUS* en deux portions égales, *JE-US*: mais cette *S* qui, ayant perdu fa compagnie,

eſt tout étonnée de ſe trouver ſeule ; qu'en faire ?
Patience, on va bien la dédommager. Les Hébreux nomment cette lettre-là *Syn* : or, *Syn* ſignifie apparemment en bon Ecoſſois, *Péché*. Après
cela, concluoit le *Prêcheur*, quel homme eſt
aſſez incrédule, pour nier que le Sauveur *a ôté les
Péchés du Monde ?* A cette explication, auſſi
profonde qu'imprévue, les auditeurs, ſur-tout les
Théologiens, furent frappés d'un ſi grand étonnement, qu'on les auroit pris pour autant (1)
de Niobés (2). Pour moi, je riois ſi fort, que je
tombai preſque dans l'inconvénient (3) de Priape.
En effet, les Orateurs Grecs & Romains ſe ſont-
ils jamais ſervi dans leurs harangues d'une inſinua-
tion ſi détournée ? Chez ces grands hommes,
quand l'Exorde étoit trop éloigné du ſujet, on
cenſuroit leur peu de juſteſſe en éloquence ; &
la nature a ſi bien enſeigné cette méthode aux
hommes, qu'un porcher même, qui a quelque
choſe à dire, ne commencera pas par s'égarer,
il ira tout d'abord au fait. Mais nos ſavans moines ?
ils s'imagineroient être de mauvais Rhétoriciens,
ſi le préambule, comme ils parlent, avoit la

----

(1) *De Niobés.* Cette femme, qui avoit beaucoup d'enfans,
les voyant tous tués à coups de flèches par Apollon & par Diane,
en devint immobile de douleur, & fut changée en rocher.

(2) *De Priape.* Horace conte que ce vilain Dieu voyant
les cérémonies magiques de Canidia & de Sagana, qui évo-
quoient dans un jardin les furies & les ombres, en fut ſi ef-
frayé, qu'il laiſſa aller par bas un gros vent : à ce bruit les
deux Sorcieres eurent peur à leur tour, & laiſſant là tout leur
appareil de diablerie, elles s'enfuirent.

(3) Voyez la Figure ci-jointe.

moinde connexion avec le fujet, & s'ils ne met-
toient pas les auditeurs dans la néceffité de dire,
où va-t-il donc par ce chemin-là ?

En troifieme lieu, ils propofent, en forme de
narration, quelque endroit de l'Evangile, mais
légérement, à la hâte; & quoique ce dût être là
leur principal, ils s'en tirent au plus vîte, comme
d'un mauvais pas. Quatriémement, comme s'ils
faifoient un autre perfonnage, ils entament une
queftion *théologale*, qui vient auffi mal-à-propos qu'il fe puiffe : mais cette digreffion leur
paroît néceffaire, & ils croiroient pécher contre l'art, s'ils ne la faifoient pas. C'eft-là où
nos *Prêcheurs* prennent un air fier, & étour-
diffent l'affemblée des magnifiques épithetes qu'ils
donnent à leurs Docteurs : ils les nomment *fo-
lemnels, fubtils, fubtiliffimes, féraphiques, faints,
irréfragables,* &c. C'eft-là auffi où tombe, comme
du ciel, une grêle de *fyllogifmes,* de *majeures,*
de *mineures,* de *conclufions,* de *corollaires,* de
fuppofitions ; & ils font valoir, en bons charlatans, à une multitude ignorante, ces froides &
impertinentes bagatelles de leur école.

Nous voici enfin au cinquieme acte de la
Comédie, & par conféquent dans la partie de
la piece où il faut fe furpaffer. Ils vous tirent
ici du magafin de leur mémoire, un conte fot
& ridicule, tiré peut-être du *Miroir hiftorial,*
ou *des geftes des Romains ;* & ils tournent cette
fable, ils la manient *allégoriquement, tropolo-
giquement, anagogiquement :* quels gros mots!

Ainsi finit leur discours: discours qui, par l'é-
trange diversité de ses parties, est plus monstre,
plus chimere, que celle qu'Horace met à la tête
de son art poëtique. Maintenant, repassons en
gros le total de leur *Sermonage*. Nos moines ont
appris, je ne sais de qui, que l'entrée du discours
doit être paisible, calme, & qu'il faut bien se garder d'y élever trop la voix. Sur ce principe-là,
ils parlent si bas dans leur exorde, qu'à peine s'en-
tendent-ils eux-mêmes. Parler pour ne point se

faire entendre; le plaifant contrafte! Ils ont auffi
oui dire, que pour remuer les cœurs, l'orateur
doit employer de tems en tems la véhémence des
exclamations. Fideles, mais mauvais obferva-
teurs de cette regle, lorfqu'on les croit fort tran-
quilles, tout d'un coup ils crient comme des furieux, & cela fans aucune raifon. En vérité, on
leur confeilleroit l'Ellébore; on les prendroit pour
des enragés; car enfin, il n'y a qu'un infenfé qui
crie férieufement pour crier. Outre cela, parce
qu'ils font imbus que l'orateur doit s'animer dans
le progrès du difcours, après chaque paufe du
fermon, ils récitent affez pofément les premieres
périodes: mais enfuite, & fouvent pour des riens,
ils hauffent la voix d'une fi grande force, que lorfqu'ils finiffent, on croiroit qu'ils vont s'évanouir.
Enfin, comme ils favent par la Rhétorique, qu'il
eft bon de réveiller l'auditeur par quelques traits
enjoués, nos gens fe mêlent auffi de plaifanter:
mais qu'ils le font joliment, qu'ils le font à-pro-
pos! à-peu-près comme l'âne de la fable, qui
vouloit toucher un luth (1). Ces chiens de l'E-
glife mordent auffi quelquefois, mais fans faire
mal; ils chatouillent plutôt qu'ils ne bleffent:
& quand ils affectent le plus une liberté apoftolique, en criant contre les mauvaifes mœurs, c'eft
alors qu'ils flattent le mieux. Que dirai-je davantage? Ils prêchent en bateleurs; & vous jureriez
que ceux-ci, qui en favent encore beaucoup plus
qu'eux, ont été leurs maîtres. Tenons-nous en à

____

(1) Voyez la Fig. pag. 169.

la déclamation : elle eſt ſi ſemblable de part &
d'autre, que ſûrement, ou les charlatans ont
appris la Rhétorique chez nos prêcheurs, ou
nos prêcheurs ont étudié l'éloquence chez les
charlatans.

Avec tout cela, ils ne manquent point d'auditeurs ; j'ai ſoin de leur en procurer ; & il y en a
qui les admirent autant, qu'on admiroit les Dé-
moſthenes & les Cicerons. Ils ſont courus principalement des marchands & des femmes ; & ils s'ap-

pliquent foigneufement à gagner les bonnes graces des uns & des autres. Les marchands, pourvu qu'ils en foient flattés, leur font volontiers part d'un bien mal acquis, & regardent ces largeffes comme une reftitution. Les femmes ont plufieurs raifons fecretes pour aimer les moines, quand ce ne feroit qu'à caufe qu'elles trouvent toujours auprès d'eux une huile, un baume de confolation, contre les amertumes du lien conjugal. Je vous ai, ce me femble, fait voir évidemment, combien me font obligés ces têtes à capuchon, qui, par de vaines dévotions, par de pieufes mommeries, par des clameurs & des menaces, exercent une certaine tyrannie fur le vulgaire, & qui ofent fe comparer aux Hermites Paul & Antoine. Je ne me fuis arrêtée que trop fur ces fepulcres blanchis, fur ces ingrats, qui favent auffi bien diffimuler mes bienfaits, que faire femblant d'avoir la Religion à cœur.

Il y a long-tems que je differe à vous dire quelque chofe des Princes & des Grands. Ceux-là font tout oppofés aux fourbes, aux impofteurs dont je viens de parler : ils me cultivent fans fard, fans déguifement, & avec toute la franchife qui convient à leur rang. Si ces heureux habitans de la haute région avoient feulement une demi-once de fageffe, y auroit-il rien de plus trifte, rien de plus à éviter que leur état? Quiconque fe donnera la peine de réfléchir attentivement fur les devoirs d'un bon Monarque, il tremblera à la vue d'une couronne, bien loin de vouloir fe procurer

par le parjure, par le parricide , par toute forte de
crimes, un fardeau fi horriblement pefant. En
quoi confiftent les engagemens d'un homme qui
commande à toute une nation ? Travailler jour
& nuit pour le bien commun, & ne jouir jamais
de foi ; ne s'écarter en rien des loix : connoître
par foi-même, ou par des yeux bien fûrs , l'inté-
grité des Officiers & des Magiftrats : fe fouvenir
qu'on eft en fpectacle au-dedans & au-dehors ; &
que , comme un aftre falutaire, on peut, par des
mœurs bien réglées , influer utilement fur les chofes humaines ; ou, comme une Comete funefte,
caufer les plus grands malheurs : n'oublier jamais
que les vices & les crimes des fujets font infiniment
moins contagieux que ceux du maître : fe redire
chaque jour , que le Prince eft dans une élévation
où, s'il donne mauvais exemple, fa conduite eft
une pefte qui fe communique, & qui fait du ra-
vage : faire réflexion que la fortune d'un Monarque le met continuellement dans l'occafion de
quitter le bon chemin ; qu'il a à combattre les délices, l'impunité, la flatterie, le luxe ; & qu'il ne
fauroit trop veiller, ni trop fe roidir contre tout
ce qui peut le féduire : enfin, rappeller fouvent
en fa mémoire, qu'outre les embûches, les hai-
nes, les craintes, les dangers auxquels le Prince
eft expofé à tout moment, de la part de fes fujets,
il doit comparoître tôt ou tard devant le Roi des
Rois, qui lui demandera un compte exact de tout,
& avec une rigueur proportionnée à l'étendue de
la domination du Monarque. Je le répete donc :

ſi un Prince faiſoit attention à tout cela (& il le feroit ſans doute, s'il étoit ſage) il n'auroit aucun repos dans la vie. Mais j'y ai pourvu : à la faveur de mon inſpiration, les Princes, ſe repoſant de tout ſur le deſtin & ſur leurs Miniſtres, vivent dans la molleſſe, & n'admettent auprès d'eux que des gens propres à les divertir, & à les préſerver de tout chagrin & de toute inquiétude. Ils croyent remplir ſuffiſamment les obligations d'un bon Roi, en prenant tous les jours le divertiſſement de la chaſſe, en nourriſſant de beaux chevaux, en vendant à leur profit les charges & les emplois, en mettant en œuvre des expédiens péçuniaires pour dévorer la ſubſtance des peuples, & pour s'engraiſſer du ſang de leurs ſujets. Il eſt vrai, qu'ils gardent quelques meſures ſur le dernier article : on allégue des raiſons de beſoin, des prétextes de néceſſité ; & quoique, dans le fond, ces exactions ſoient un pur vol, on leur donne une apparence de juſtice & d'équité ; on dit des douceurs au peuple ; on le nomme ſes bons, ſes fideles, ſes affectionnés ſujets ; & pendant qu'on les dépouille d'une main, on les careſſe de l'autre, pour prévenir leurs plaintes, & pour les accoutu- mer peu-à-peu à la tyrannie. Sur ce pied-là, je vous fais une ſuppoſition : Figurez-vous (& vous vous figurerez ce qui n'eſt que trop réel & que trop ordinaire) ; repréſentez - vous donc ſur le trône un homme ignorant dans la connoiſſance des loix, preſque ennemi du bien public, & qui ne viſe qu'à ſon interêt perſonnel ; eſclave de ſes

plaisirs ; méprisant l'érudition ; ne pouvant souffrir qu'on lui dise ses vérités , qu'on lui parle sincérement ; ne s'embarrassant de rien moins que du
bonheur de ses sujets ; ne suivant que sa passion ;
mesurant toutes choses par son utilité.   Mettez à
cet homme-là le collier d'or , ornement qui signifie l'assemblage , l'union , l'enchaînure de toutes
les vertus : mettez-lui la couronne enrichie de
pierres précieuses ; ce qui l'avertit qu'il doit sur-
passer les autres en toute sorte de vertus héroï-
ques : mettez-lui le sceptre à la main , ce sceptre
qui est le symbole de la justice , & d'une ame parfaitement incorruptible : enfin , donnez-lui la robe
de pourpre , qui marque un vif amour pour les
peuples , un zele ardent pour leur félicité. (1) Si
après cela ce Monarque vient à comparer ces habits royaux avec sa mauvaise conduite , doutez-
vous qu'il n'ait honte de sa parure , & qu'il ne crai-
gne que quelque railleur ne tourne en ridicule cet
ajustement , qui de soi est très-sérieux ?

Venons aux Grands de la Cour. Quelle bisarre
espece d'hommes ! Il n'y a point d'esclavage plus
rampant , plus dégoûtant , plus méprisable , que
le leur ; & cependant , ils regardent de haut en
bas tous les autres mortels. (2) Convenons, pourtant, qu'ils sont fort modestes sur un point ; c'est
que , se contentant de porter sur le corps, l'or,
les pierreries , la pourpre , & tous les autres sym-
boles de la sagesse & de la vertu , ils cedent généreusement aux autres le soin d'être sages & ver-

____

(1) Voyez la Fig. pag. 174.   (2) Voy. la Fig. pag. 175.

tueux. Ils ne conçoivent point de félicité plus grande, que d'avoir permission de parler au Roi, de le traiter de Seigneur & de maître abfolu, de lui faire un compliment court & bien tourné, de ne pas épargner les titres faftueux de *Votre Majefté*, *Votre Alteffe Royale*, *Votre Sérénité*, &c. D'ailleurs, être toujours propre, magnifique, bien parfumé; fur-tout, favoir flatter délicatement, c'eft-là toute l'induftrie, toute la dextérité des courtifans. Quant à l'efprit & aux mœurs? Ce

font (1) de vrais *Phœaques* ; ce font (2) des
Amans de *Penelope* : vous favez ce que le bon
Homere en dit ; la Nymphe Echo vous le redira
mieux que moi. Le vil efclave du Monarque , qui
fouvent eft lui-même chargé des chaînes de la

(1) *De vrais Phœaques.* Ils étoient fi groffiers & fi ftupides,
que , felon Homere, Ulyffe leur fit accroire autant de prodiges
qu'il voulut leur en débiter.

(2) *Des Amans de Penelope.* Homere les repréfente comme
des gens qui donnoient tout-à-fait dans les plaifirs fenfuels :
après qu'ils eurent fait bonne chere , dit ce Poëte, ils ne pen-
ferent plus qu'à chanter & qu'à danfer.

paſſion ; ce vil eſclave, dis-je (pourvu qu'il n'ait pas à faire ſa cour, car alors il ſe leveroit au premier chant du coq) dort juſqu'à midi. A peine le *Monſeigneur* eſt-il éveillé, que ſon Chapelain, qui épioit ce moment-là, lui dit en poſte une Meſſe bien *dépéchée*. Enſuite, on déjeûne ; le dîner ſuit de près ; au ſortir de table, viennent le jeu, les filoux, les bouffons, les courtiſans, les mauvaiſes plaiſanteries, & tous les autres plaiſirs nommés paſſe-tems : ces dévots exerci-ces ne ſe font pas ſans une ou deux collations: on ſoupe, & on paſſe la nuit à boire. Ainſi, ſans appercevoir qu'on n'eſt né que pour mourir, la vie s'envole rapidement ; les heures, les jours, les mois, les années, les ſiecles, tout cela coule comme les minutes. Pour moi, il me ſemble que je ſors d'un grand repas, quand je les ai vus : ils font gloire de ſi plaiſantes choſes ! Cette Nymphe ſe croit plus Nymphe que les autres, par la raiſon qu'elle traîne une plus longue queue. Quand ce grand a donné des coups de coude pour fendre la foule, il s'imagine qu'il y a moins de diſtance entre le Prince & lui. Cet autre courtiſan ſe félicite, de ce que la chaîne d'or qu'il porte au cou peſe plus que celles des au-tres, faiſant parade, non ſeulement de ſon opu-lence, mais auſſi de ſa force, qui lui eſt com-mune avec un Porte-faix.

La vie des Princes & des Grands m'a conduit tout naturellement à celle des Papes, des Cardinaux &

des

des Evêques. Il y a déja long-tems que cette bande
sacrée imite, par une brave émulation, les Rois
& leurs Satrapes; & on peut même dire, qu'elle
les a surpassé. Or je voudrois, pour plaisir, qu'un
Evêque étudiât un peu son équipage, son harnois
pontifical : ce rochet qui, par sa blancheur, dé-
signe l'innocence; cette coëffure à deux cornes at-
tachées d'un seul nœud, ce qui marque une profonde connoissance des deux testaments; ces
mains gantées, qui signifient un cœur épuré de
toute contagion mondaine, dans l'administra-

M

tion des Sacremens; cette croſſe, qui avertit qu'on ne ſauroit veiller aſſez ſur le troupeau confié; cette croix, qui eſt le ſigne d'une pleine victoire ſur les paſſions. Si notre Prélat ſe rempliſſoit l'eſprit de toutes ces idées, & de pluſieurs autres que je ſupprime, n'eſt-il pas vrai qu'il deviendroit maigre, pâle, rêveur, triſte? Il feroit pitié. Ne craignez rien, j'y ai mis bon ordre: j'ai conſeillé à ces ſoi-diſant Succeſſeurs des Apôtres, de prendre une route tout oppoſée à celle de ces bonnes-gens; & jamais on n'a mieux profité de mes avis. Nos *Illuſtriſſimes & Révérendiſſimes* font leur principale affaire de vivre agréablement. Quant au troupeau? c'eſt à Jeſus-Chriſt d'en prendre ſoin: & d'ailleurs, n'a-t-on pas les Archidiacres, les Grands-Vicaires, les Pénitenciers, les Moines, tant d'autres bons & fideles mâtins, qui prennent garde au loup d'enfer? Les Evêques ont oublié que leur nom ſignifie à la lettre, travail, peine, inſpection ſur le ſalut des ames; mais ils s'en ſouviennent très-bien, quand il s'agit d'argent.

Les vénérables Cardinaux ſe vantent d'être deſcendus en droite ligne de l'Apoſtolat. S'ils alloient s'apoſtropher ainſi: " Pourquoi ne fais-je donc pas
„ ce que les Apôtres ont fait? Je ne ſuis pas le maî-
„ tre des graces ſpirituelles; je n'en ſuis que le diſ-
„ penſateur; & je rendrai bientôt compte de mon
„ adminiſtration. Que veut dire ce rochet d'une
„ blancheur à éblouir? Rien autre choſe, que la

„ pureté des mœurs. Que fignifie cette foutane de
„ pourpre? Un ardent amour de Dieu. Pourquoi
„ cette cape de la même couleur, cape fi ample,
„ fi large, fi fpacieufe, qu'elle couvre même
„ toute la mule du *Révérendiffime*, encore en
„ refte-t-il pour couvrir tout à la fois le Cardinal,
„ fa mule & un chameau? Ce grand & copieux
„ étalage de parure marque une charité étendue,

M 2

„ & toujours préte à fecourir, c'eſt-à-dire,
„ à enfeigner, corriger, exhorter, calmer la
„ fureur des guerres, réſiſter aux mauvais Princes,
„ répandre auſſi volontiers fon fang, que fes
„ richeſſes, pour l'Eglife. Mais à quoi bon
„ ces gros revenus ? Ceux qui prétendent repré-
„ fenter l'ancien college des Apôtres, ne de-
„ vroient-ils pas imiter leur pauvreté ? „ Un Cardinal qui feroit ces réflexions, ou rendroit bien
vîte fon chapeau, ou meneroit une vie laborieufe,
auſtere, pleine de chagrin & d'anxieté; enfin, il
vivroit en Apôtre.

(1) Proſternons-nous à préfent aux pieds du
Souverain Pontife & baifons réligieufement fa pan-
toufle. Les Papes fe difent les Vacaires de J. C. ;
mais s'ils s'appliquoient à fe conformer à la vie de
Dieu, leur maître ; s'ils pratiquoient fa pauvreté,
fes travaux, fa doctrine, fa croix, fon mépris du
monde; s'ils vouloient feulement bien penfer à ce
beau nom de *Pape*, c'eſt-à-dire de *Pere*, & à l'épithete de *Très-Saint*, dont on les honore; quelles
gens feroient plus malheureux? Qui voudroit acheter de tout ce qu'il a, ce poſte fuprême ? ou quel
homme, y étant élevé, employeroit l'épée, le
poifon, toute forte de violence, pour s'y mainte-
nir ? Ils perdroient des biens innombrables, fi la fageſſe s'emparoit une fois de leur efprit; que dis-je,
la fageſſe? s'ils avoient feulement un grain de ce fel
dont parle le Sauveur. Ces richeſſes immenfes, ces

____

(1) Voyez la Fig. pag. 181.

honneurs divins, cette vaste domination, ce puissant
patrimoine, ces victoires flatteuses ; tant de dignités, de charges & d'offices à donner ; tant de taxes
au dedans & au dehors ; tant de dispenses &
d'indulgences ; une maison si nombreuse en domestiques ; tant de délices & de plaisirs. En voilà
beaucoup, & néanmoins ce n'est qu'une foible
ébauche de la félicité papale. Au lieu de tant de

biens, viendroient les veilles, les jeûnes, les larmes, les prieres, les fermons, les méditations, les
foupirs & mille autres maux de la même nature.
Ajoutons à cela, tant d'Ecrivains, tant de copiftes,
de Notaires, tant d'Avocats, tant de Procureurs,
tant de Secretaires, tant de Banquiers, tant d'E-
cuyers, tant de Palefreniers, tant de maquereaux,
(filence là-deffus, il faut épargner les oreilles
chaftes,) enfin, une fi prodigieufe quantité
d'hommes de toute condition, qui ruinent (qui
honorent, voulois-je dire) le Siege de Rome ; tous
ces illuftres officiers de Saint Pierre mourroient
de faim. Il feroit*barbare, abominable & encore
plus déteftable, de rappeller à la beface & au bâton, les fouverains Monarques de l'Eglife, ces
véritables lumieres du monde. C'étoit à Pierre &
à Paul, à vivre d'aumône & de travail; auffi fe re-
pofe-t-on fur eux de tout ce qu'il y a de pénible ;
n'ont-ils pas affez de loifir pour y vaquer ? Mais,
tout ce qu'il y a de fplendide & d'éclatant, de plaifir & de volupté, nos Saints Peres l'ont gardé
pour eux ; n'ont-ils pas bien fait ?

Il eft donc arrivé par mon moyen, qu'il n'y a
pas de gens qui vivent plus dans la molleffe & dans
l'indolence, que les Papes ; & pourvu que leurs
fonctions épifcopales confiftent en des ornemens
myftérieux & prefque de théatre, en des cérémonies, en titres faftieux de *Béatiffime*, de *Révérendiffime*, de *Saintiffime*, en bénédictions & en malédictions, ils fe croient quittes avec Jefus-Chrift,
ils ne voient pas ce qu'il pourroit avoir à leur de-

mander. Ce n'eft plus le tems de faire des miracles: enfeigner le peuple, c'eft une grande fatigue; expliquer l'Ecriture Sainte, cela put la craffe
de l'école; prier, il faudroit avoir du tems de
refte; pleurer, cela ne convient qu'aux femmes;
être pauvre, oh! la vilaine chofe! fe laiffer vaincre;
il feroit beau le voir d'un homme qui croit accorder une grande faveur aux plus puiffans Monarques, lorfqu'il leur permet de lui baifer le pied;
enfin, mourir, c'eft la chofe du monde la plus défagréable; & être attaché à une croix, il y a de
l'infamie. Il ne refte donc aux Papes pour toutes
armes que (1) ces douces bénédictions dont parle
St. Paul, (& je vous réponds qu'ils n'en font pas
avares,) que les interdits, les fufpenfions, les ag-
gravations, les anathemes, (2) les peintures vengereffes (3) & cette foudre terrible par laquelle
un Saint Pere, quand il lui plaît, livre les ames à
tous les Diables & leur fait faire un faut fi rapide,
qu'elles vont même quelquefois par delà l'enfer.
Nos très-Saints Peres en Chrift & fes Lieutenans-
Généraux, n'emploient jamais avec plus de zele

---

(1) *Ces douces bénédictions.* Rom. c. 24. *Qui par des pa-*
roles flatteufes, & par des bénédictions, féduifent les innocens.

(2) *Les peintures vengereffes.* On expofe à Rome le tableau
d'un excommunié, peint fur de la toile, & repréfenté d'une
maniere hydeufe: il eft affis, & a le vifage d'un furieux:
deux Diables à fes côtés, qui lui mettent une couronne
de flamme: il a du feu fous les pieds: les infcriptions font
horribles; & cependant, les fpectateurs trouvent cela fort
divertiffant.

(3) Voyez la Fig. pag. 184.

cet épouvantable châtiment , que contre ceux qui,
à l'impulfion de Satan, qui pouffe toujours à la plus
noire fcélérateffe , tâchent de diminuer , de rogner
le patrimoine de Saint Pierre. Cet Apôtre difoit à
fon bon maître , *nous avons tout abandonné pour te
fuivre*. Mais depuis ce tems-là , il a fait une haute
fortune. Sa Sainteté glorifiée poffede en propre ,
oui en propre , des terres , des villes , des impôts ,
des douanes , des domaines , &c. C'eft donc princi-

palement pour défendre & pour conferver cette riche acquifition, que les Pontifes damnent les ames. Mais croyez-moi, ils n'épargnent pas les corps : embrafés du zele de Jefus-Chrift, ils levent l'étendart de Mars, & emploient fans miféricorde le fer & le feu. Vous jugez bien qu'une telle guerre ne peut fe faire fans effufion du fang Chrétien ; qu'importe, répondent les Papes ; nous foutenons apoftoliquement la caufe de l'Eglife, & nous ne poferons point les armes, que nous n'ayons vengé l'Epoufe de Jefus-Chrift. Avec votre permiffion, dépofitaires des clefs céleftes de la Science & de la Puiffance, l'Eglife a-t-elle de plus pernicieux ennemis, que les Papes impies ? Eux qui anéantiffent le Sauveur, en ne le prêchant point ; eux qui, par leurs loix lucratives, le tiennent comme enchaîné ; eux qui altérent fa doctrine, par des interprétations violentées ; eux enfin qui l'égorgent par leurs exemples peftilentiels.

Au refte, comme l'Eglife Chrétienne eft née dans le fang, s'eft confirmée par le fang, s'eft augmentée par le fang ; les Papes la gouvernent auffi par le fang, tout de même que s'il n'y avoit plus de Jefus-Chrift pour la protéger & pour la défendre. La guerre eft de fa nature quelque chofe de fi cruel, qu'elle conviendroit mieux aux bêtes féroces qu'aux hommes ; de fi furieux, que les Poëtes en ont attribué la fource aux Furies des Enfers ; de fi contagieux, que les meilleures mœurs en font

infectées ; de fi inique , que les plus grands fcélérats y font beaucoup plus propres que les bons
naturels ; de fi impie , qu'elle n'a nul rapport
avec Jefus-Chrift , ni avec fa morale. Cependant , certains Pontifes quittent toutes les fonctions paftorales , pour fe donner tout entiers
à la guerre. On voit même parmi ces Pontifes
guerriers , (1) des vieillards qui agiffent avec
toute la vigueur d'un jeune-homme, n'ayant nul
égard à l'argent, fupportant courageufement la
fatigue , & ne faifant pas le moindre fcrupule
de caufer le bouleverſement des loix , de la
Religion, de l'humanité. Dans ces funeftes con-
jonctures, on ne manque pas de trompettes :
j'appelle ainfi ces doctes boute-feux , qui, pour
faire leur cour, s'accommodent lâchement à
l'humeur fougueufe & fanguinaire du *Saintiffime*. Ce qui eft manifeftement une fureur , ils
le nomment zele , piété , valeur : ils trouvent
des raifons pour prouver , que tirer l'épée , &
l'enfoncer dans le cœur de fon frere , ce n'eft
point enfreindre le grand commandement de la
charité envers le prochain. Je ne fuis pas encore bien informée fi , en fait de guerre, les
Papes ont pris exemple fur quelques Evêques
d'Allemagne , ou fi ces Evêques n'ont fait en
cela que s'autorifer par la conduite des Papes.
Toujours eft-il certain, que ces Prélats Ger-
maniques y vont encore plus rondement : fans

---

(1) *Des Vieillards.* On croit qu'Erafme en veut ici à Jules II.
qui étoit paffionné pour la guerre , & qui fit bien du mâl.

s'embarraffer du fervice divin, des bénédictions,
ni de toutes les autres cérémonies de l'Epifcopat,
ils ne refpirent que les armes; difant même, qu'un
Evêque doit, pour l'honneur de fa dignité, rendre l'ame à Dieu dans un combat. Les prêtres
font ordinairement animés du même efprit: ne
voulant pas dégénérer de la fainteté de leurs Prélats, avec quel courage n'endoffent-ils pas le harnois, quand il s'agit de leurs dîmes? Les épées,
les javelots, les pierres, toutes les armes y
vont (1). Ce Sacrificateurs font ravis, quand,
par quelques paffages des anciens, ils peuvent
alarmer les confciences, & faire voir à la populace, qu'on leur doit bien autre chofe que la dîme:
mais de penfer à ce qu'on lit en tant d'endroits,
touchant leurs devoirs envers les peuples, c'eft
ce qui ne leur entre jamais dans l'efprit. Ils devroient bien au moins fe fouvenir que leur ton-
fure les avertit qu'ils ont rompu avec le monde, &
qu'ils ne doivent s'occuper que des chofes du ciel:
mais ces gens tout dévoués à la volupté, s'imaginent avoir fatisfait pleinement à leurs obligations,
à *l'office du bénéfice*, comme ils parlent, quand ils
ont dit leur bréviaire. Et comment le difent-ils?
Entre les dens, à toute bride: foi de Déeffe,
je ne faurois croire qu'aucun Dieu, ni les en-
tende, ni les comprenne; ils ne s'entendent
pas eux-mêmes, les pauvres Clercs, ni en récitant, ni en chantant. Mais, & les prêtres, &
les Laïques, font également bien inftruits fûr le

____

(1) Voyez la Fig. pag. 188.

grand article de la récolte, ou du profit; &
on répéte ſi ſouvent en chaire, àu Confeſſion-
nal, & ailleurs, que *les Sacrificateurs ſont dignes
d'un double honneur*, que *les Miniſtres de l'Autel doivent vivre de l'Autel*; on répéte, dis-je,
ſi ſouvent ces maximes ſacrées, que pas une
femmelette ne les ignore. Pour ce qu'il y a de
pénible, Meſſieurs les Prétres ſe le renvoient
les uns aux autres; c'eſt tout comme s'ils jouoient
à la longue paume. Il en eſt des Eccléſiaſtiques,

à-peu-près comme des Princes ; les Rois abandonnent à leurs premiers Miniſtres le ſoin du gouvernement ; & ceux-ci ont ſous eux quantité de ſubalternes, auxquels ils confient l'adminiſtration de l'Etat. De même, les Officiers du Sanctuaire ſe déchargent, par modeſtie, ſur le peuple, du fardeau de la dévotion & de la piété : le peuple renvoie ce poids à ceux qu'ils nomment *gens d'Egliſe*, comme ſi, à titre de Peuple Chrétien, la Morale évangelique ne le regardoit pas ; comme ſi les vœux du Baptême n'étoient pour lui qu'une chanſon. De plus, les Prêtres, qui, comme s'ils étoient initiés au monde, & non à Chriſt, ſe diſent *Séculiers*, laiſſent aux *Réguliers* l'ouvrage difficile de la piété ; les Réguliers en font l'occupation des moines ; les moines relâchés s'en repoſent ſur les moines réformés ; tous prétendent, d'un commun accord, que la dévotion n'appartient qu'aux mendians ; & les mendians renvoient la balle aux chartreux, dans la retraite deſquels on peut dire que la piété eſt effectivement comme enſevelie, tant ils ont ſoin de ſe cacher au monde. Telle eſt auſſi la conduite des généraux dans la Milice Cléricale : les Papes, gens actifs & infatigables à moiſſonner l'argent, ſe déchargent ſur les Evêques de ce qu'il y a de rude dans l'Apoſtolat ; les Evêques, ſur les Curés ; les Curés, ſur leurs Vicaires ; les Vicaires, ſur les Freres Mendians ; & les Mendians renvoient l'éteuf aux Bergers ſpi-

rituels, qui favent fi bien tondre les brebis, &
profiter de la laine.

Mais jufqu'où la matiere ne m'a-t-elle pas em-
porté? Après tout, il n'eft point de mon fujet,
d'examiner à fond la vie des prélats & des Prêtres:
j'ai pour but de faire mon éloge, & non de fatyri-
fer les autres; par les louanges, qu'en qualité de
la Folie, je donne aux mauvais Princes, vous
croiriez peut-être que je veux cenfurer les bons. Je
ne vous ai donc donné une idée fuperficielle de
chaque condition, qu'afin de montrer évidemment,
qu'aucun homme ne peut vivre heureux, s'il n'eft
initié à mes myfteres, & s'il ne participe à mes faveurs. J'en prends la Fortune à témoin. Cette Déeffe
du bonheur & du malheur, toute capricieufe
qu'elle eft, prend plaifir à feconder mes intentions.
N'eft-elle pas auffi bien que moi, l'ennemie mortelle des fages? Et pour ce qui eft des fous, (1) la
fortune leur prodigue fes graces & vient même
fouvent les trouver dans leur lit. Vous avez fans
doute oui parler d'un certain Timothée, Duc d'A-
thenes. Il fut le plus fortuné des hommes, jufqu'à
conquérir & ravager des villes en dormant; mais
dès qu'il commença d'attribuer fon bonheur à fon
mérite, il tomba dans la derniere infortune. Ne
dit-on pas communément que tout réuffit aux fous,
& que le mal même leur tourne à bien? Il en eft
tout au contraire des fages: on a dit d'eux prover-
bialement: *Il eft né comme Hercule, le quatrieme de
la Lune; il n'a que de la peine à efpérer. Il eft monté*

____

(1) Voyez la Fig. 191.

sur le cheval de Séjan ; il se rompra le cou. Son or est de Toulouse, il lui portera malheur. C'est trop de proverbes ; on croiroit que j'ai pillé les commentaires de mon Erasme (1).

Je me remets donc dans mon chemin. La fortune aime ces gens qui ne réfléchissent point ; elle se plaît à faire du bien aux étourdis, aux

(1) Voyez la Fig. pag. 192.

téméraires , à ceux qui difent, comme Céfar, lorfqu'il paſſa le Rubicon : *Le fort en eſt jeté.* La Sageſſe ne fert qu'à infpirer la timidité. Auſſi la condition d'un vrai Philofophe fait-elle com-paſſion aux gens fenſés: la téte remplie de fes belles & folides fpéculations, tant phyſiques que morales, fon eſtomac crie famine, & le né-ceſſaire lui manque: on le néglige, on le mé-prife,

prife, on le hait, on l'a en horreur. Les fous abondent en ces métaux précieux, qui font l'ame & le grand mobile de la fociété civile; on les éleve aux emplois publics; en un mot, ils fleuriffent en tout. En effet, celui qui met fon bonheur à être bien-venu chez les grands, chez ces idoles de pierreries, qui font mes principaux efclaves, rien ne lui feroit plus inutile que la fageffe, puifqu'il n'y a rien de plus détefté dans les Cours & dans les Palais (1).

Vous voulez vous enrichir par le commerce? Renoncez donc à la fageffe. Pourriez-vous, fans un violent remords, faire un faux ferment? Dès qu'on vous furprendra en menfonge vous rougirez. Enfin, pour peu que vous approuviez ces âpres & cuifans fcrupules des fages fur le vol & l'ufure, vous ne vivrez jamais en repos avec vous-même. Si vous afpirez aux dignités & aux biens de l'Eglife, les chevaux & les ânes réufliffent mieux que les philofophes, dans cette ambition-là. Aimez-vous la volupté? Les femmes qui en font le principal objet, courent après les fous, & fuyent les fages comme des fcorpions. En un mot, quiconque veut jouir des plaifirs de la vie doit commencer par n'avoir aucune liaifon avec les fages; il doit fréquenter plutôt des gens de la lie du peuple. Pour raffembler tout ce détail en une feule idée, tournez-vous de tous les côtés:Papes,Princes,Juges,Magiftrats, amis, ennemis, grands, petits, tout ne roule

____

(1) Voyez la Fig. pag. 194.

N

que sur l'argent comptant ; & comme le philosophe, au nécessaire près, ne fait pas plus de cas de
cette matiere que de la boue, il ne faut pas s'é-
tonner si personne ne veut de son commerce.

Mais, quoique mon éloge soit un fond absolument inépuisable, il n'est pas juste, néanmoins, que
j'abuse de votre patience & que je pousse cette déclamation plus loin. Je vais donc vous délivrer du
travail de l'attention. Accordez-moi seulement en-

core une petite grace ; il y va de ma gloire. Il y
aura ici des sages (car les mauvais sont toujours
mêlés parmi les bons) qui diront que je ne suis
belle qu'à mes yeux ; & Messieurs les Légistes
ne manqueront pas de me reprocher, que je
ne cite point. Citons donc comme eux, à tort
& à travers. Premiérement, on ne peut ré-
voquer en doute ce proverbe si connu : *Quand
la chose manque, il faut en présenter l'image;*
ce qui se confirme très-bien par cette maxime,
qu'on enseigne même aux enfans : *C'est une grande
sagesse, de savoir contrefaire le fou bien à propos.* Jugez delà s'il ne faut pas que la Folie
soit un grand bien, puisque les Savans donnent
tant de louanges à son ombre trompeuse, & à
sa seule image. Mais Horace, qui se nomme
lui-même (1) le luisant & gras pourceau d'Epi-
cure, dit la chose plus naturellement, lorsqu'il
ordonne *de mêler la Folie avec la Sagesse.* J'a-
voue qu'il veut que cette folie soit courte ; mais
en cela il n'en a pas plus d'esprit. Le même
Poëte dit, dans ses odes : *C'est un plaisir d'être
fou quand il faut.* Ailleurs, *il aime mieux paroître extravagant & ignorant, que d'être sage,
& enrager.* Homere, qui par-tout loue beaucoup son Télémaque, ne laisse pas de le nommer quelquefois *sot enfant ;* & les Tragiques
donnent volontiers le même nom aux jeunes-
gens, cette épithete de *sot,* ou *d'imprudent,*

____

(1) Voyez la Fig. pag. 196.

N 2

étant de bon augure. Quel est le sujet de la sacrée Iliade? Ne sont-ce pas les fureurs & les folies des Rois & des peuples? Ciceron n'a jamais pensé plus heureusement pour moi, que lorsqu'il a dit: *Tout est plein de folie.* Or vous n'ignorez pas, que plus un bien est étendu, plus il est excellent.

Peut-être que ces auteurs ne feront d'aucune autorité chez les Chrétiens. Hé bien! si vous le trouvez bon, j'appuyerai, ou, pour m'expri-

mer à la Théologienne, je fonderai mon Eloge
fur le témoignage même de la fainte Ecriture.
Permettez-moi cela, Meffieurs nos maîtres; je
vous le demande humblement. Y penfai-je?
L'entreprife eft très-difficile, & demanderoit pour
le moins une bonne invocation des Mufes. D'un
autre côté, il y auroit de l'injuftice à faire defcendre une feconde fois ces neuf pucelles de
leur Mont Hélicon; il y a bien loin d'ici, voyez-
vous. D'ailleurs, la matiere que je vais traiter,
n'eft pas du reffort d'Apollon. Ce feroit donc
bien le meilleur, fi, pendant que je ferai ici la
Théologienne, & que je marcherai fur les épines, l'efprit de Scot vouloit paffer de fa Maifon
de Sorbonne dans mon ame (1); oui, ce bienheureux efprit, plus pointu que le Porc-épic,
plus piquant que le Hériffon: quand j'aurai fini,
qu'il s'envole où il voudra, même chez les cor-
beaux. Plût au ciel qu'il me fût permis de changer auffi de vifage, & d'avoir l'honneur de me
voir habillée à la *Doctorale!* Je crains une chofe:
quand on me verra débiter tant de Théologie,
ne me foupçonnera-t-on point d'avoir pillé les
portefeuilles de *Magiftrorum noftrorum?* Mais
il n'eft pas, ce me femble, fort étonnant, qu'y
ayant depuis tant de fiecles une amitié fi étroite
entre les Théologiens & moi, j'aie attrapé un
peu de leur *hautiffime* Science. Pourquoi non?
Priape, ce Garde-jardin, ce Dieu de petite cer-

____

(1) Voyez la Fig. pag. 198.

velle, écoutant son maître qui lifoit tout haut
du Grec, en fourra quelques mots dans fa mémoire, & les retint comme un Docteur. Et ce
coq de Lucien, qui ayant vécu long-tems avec
les hommes, articula tout d'un coup & parla
comme eux ? Mais ça, commençons, fous les
aufpices de la fortune.

    L'Eccléfiafte, chapitre premier, verfet . . .
attendez, verfet . . . Oh! je l'ai oublié, auffi

bien que la page, la ligne, &c. (car pour citer théologiquement, il ne faut rien omettre.)
L'Eccléfiafte donc, a écrit : *LE NOMBRE DES
FOUS EST INFINI.* Or ce nombre infini
n'embraffe-t-il pas généralement tous les hommes ? Excepté peut-être quelques-uns ; encore
doutai - je fort qu'on les ait jamais vus. Mais
Jérémie avoue la chofe plus igénument : *Tous*
N 4

les hommes, dit-il, ch. 10. *font devenus fous,
à force de Sageſſe.* Il attribue la fageſſe à Dieu
feul, & laiſſe à tous les hommes la Folie en
partage. Un peu plus haut, il dit: *Que l'homme
ne ſe glorifie point dans ſa ſageſſe!* Pourquoi
cela, faint & divin oracle de l'avenir? C'eſt,
répondra-t-il, parce que l'homme n'a point de
fageſſe. Revenons à l'Eccléſiaſte: lorſqu'il fait
cette morale & pathétique exclamation, *Vanité des vanités, & tout eſt vanité!* A votre avis,
Meſſieurs, ce Monarque éclairé du ciel ne dé-
claroit-il pas fans biaiſer, que la vie humaine
n'eſt, comme je l'ai infinué tant de fois, qu'un
jeu de la Folie? N'étoit-ce pas dire précifément
ce que Ciceron a répété depuis, à ma grande
louange, *Tout eſt plein de Folie?* Quand le
même Eccléſiaſte dit encore: *Le fou change
comme la lune ; le ſage eſt ſtable comme le ſo-
leil :* que veut-il dire? N'eſt-ce pas, que tous
les hommes font fous, & qu'à Dieu feul appartient le titre de fage? En effet, les interprêtes entendent par la lune, la nature humaine; & par le foleil, ils entendent Dieu,
qui eſt la ſource de toute lumiere. Le Sauveur
appuye cela dans ſon Evangile, lorſqu'il dit,
que l'épithete de *Bon* ne convient qu'à Dieu.
Or, felon les Stoïciens, *Sage* & *Bon* font deux
termes réciproques, & qui fignifient la même
choſe: *Ergo*, tous les hommes étant mauvais,
ils font, par une conféquence néceſſaire, ils font
tous fous.

De plus, Salomon dit, chap. 17 : *La Folie est joie au fou* ; par où il confesse ouvertement, que sans la Folie, il n'y a rien d'agréable en ce monde-ci. Dans un autre endroit : *Avancer en Science, c'est avancer en douleur ; & où il y a beaucoup de sens, il y a beaucoup d'indignation.* Cet excellent prédicateur ne répéte-t-il pas la même pensée au chap. 7 ? *La tristesse loge dans le cœur des sages, & la joie, dans le cœur des fous.*

Non content d'avoir appris à fond la Sageſſe,
il a été curieux auſſi de me connoître. Vous
croyez peut-être que je badine ? Ecoutez l'Oracle, chap. 1. *Je me ſuis appliqué à connoître
la Prudence & la Doctrine, les Erreurs & la
Folie.* Vous remarquerez, s'il vous plaît, ſur cet
endroit-là, que c'eſt pour me rendre l'honneur
qui m'eſt dû, qu'il me nomme la derniere ; &
je le prouve. L'écrivain eſt Eccléſiaſte : or,
dans l'ordre de l'Egliſe, & ſuivant ſon cérémo-
nial, le premier en dignité eſt le dernier en rang,
conformément au précepte de Jeſus-Chriſt.

Mais que la Folie ait plus de dignité que la
Sageſſe, c'eſt ce que l'auteur de *l'Eccléſiaſtique*,
quel qu'il ſoit, montre évidemment au chap. 4.
Avant de citer cet endroit-là, je veux faire un
marché avec vous, Meſſieurs mes auditeurs : j'en
jure par Hercule, je me tairai là-deſſus, ſi vous
ne répondez favorablement à mes queſtions.
Imitez ceux qui diſputent avec Socrate, chez Platon. Ça, je commence mon *induction*.

Je mets d'un côté les choſes rares & pré-
cieuſes : je place à l'oppoſite ce qu'il y a de commun & de mépriſable. Sur une telle ſuppoſition,
je demande, lequel des deux eſt-il à propos
de renfermer ſoigneuſement ſous la clef, d'ôter
de la portée d'un chacun ? Vous ne dites rien ?
Vous voilà tous à me regarder, comme des ſta-
tues ? Votre ſilence ne m'arrêtera pourtant pas :
les Grecs répondent en François pour vous : *On
ne craint point*, diſoient-ils en proverbe, de *laiſ-*

fer fa cruche à la porte. Et de peur que vous ne profaniez, en rejettant cette fentence, je vous avertis que c'eft Ariftote, ce Dieu de *Nos Maîtres,* qui la rapporte. Continuons. Y auroit-il ici quelqu'un affez fou, pour laiffer de propos déliberé, fon or & fes bijoux dans un chemin battu ? Je n'en crois abfolument rien. Vous me paroiffez tous gens à ferrer votre tréfor dans le cabinet, dans le coin le plus fecret du coffre-fort : vous n'expofez que ce que vous ne vous fouciez pas de perdre. Si donc la prudence veut qu'on mette en fûreté les chofes de prix, & qu'on abandonne au hafard ce qui ne coûte guere, je gagne ma caufe, je triomphe. *L'Eccléfiaftique* ordonne de découvrir la Sageffe, & de cacher la Folie. Voici le Texte : *L'homme qui cache fa Folie, vaut mieux que l'homme qui cache fa Sageffe.* Bien plus : l'Ecriture Sainte attribue au fou une généreufe modeftie, dont le fage, qui fe croit toujours meilleur que les autres, n'eft point capable. C'eft le fens que je donne à ce paffage de *l'Eccléfiafte,* chap. 10 : *Quand le fou fe promene, il croit que tous ceux qu'il rencontre font fous comme lui.* Admirez, je vous prie, cette candeur, cette fincérité : naturellement, tous les hommes ont grande opinion d'eux-mêmes ; mais la Folie rend l'homme fi humble, qu'il veut bien partager fa vertu avec tous les autres hommes, & leur communiquer la gloire de fon mérite. En feriez-vous autant ? Point de flatterie ; je ne vous crois pas encore à ce degré de perfection. Salomon se flattoit d'y être parvenu : *Je suis*, dit-il au chap. 30, *le plus fou de tous les hommes.* Saint Paul, cet Evangéliste, ce convertisseur des nations, n'a pas dédaigné mon nom : ne dit-il pas aux Corinthiens : *Comme fou, je le dis, je le suis plus qu'eux ?* Jugeant que c'étoit une honte, d'être surpassé en folie. Sauvez-moi, je suis perdue ! j'entends nos Criards, nos *Brailleurs* : Folie, me disent-ils, tu es bien digne de ton nom dans tes interprétations, aussi bien que dans tout le reste ! La pensée de l'Apôtre n'est rien moins que ce que tu forges. Il ne vise nullement à persuader qu'il est plus fou que les autres ; mais après avoir dit: *Ils sont Ministres de Christ, & moi aussi ;* sentant bien qu'il ne se vantoit pas assez, il ajoute : *Je le suis plus qu'eux ;* & pour lever le scandale que cette déclaration pouvoit donner, Saint Paul s'accuse de folie en cela, parce qu'il n'y a que les fous qui aient permission de dire tout.

Disputez, *Ergoteurs*, chicanez tout votre soûl sur le sens de ce passage-là ? Pour moi, je marche à la lumiere de ces grands, de ces gros & gras, de ces renommés Théologiens, avec qui la plupart des Docteurs aimeroient mieux tomber dans l'erreur, que de connoître la vérité avec ces gens (1) à trois langues : on en fait cas comme des pies & des perroquets. D'ailleurs, j'ai pour moi (2) un

____

(1) *A trois langues.* L'Hébreu, le Latin & le Grec.

(2) *Un glorieux.* Cette épithete est équivoque, & signifie à la fois un homme qui se vante, & un homme qui a de la réputation.

glorieux Théologien : je ne le nommerai pas ; nos *caqueteurs* ne manqueroient jamais de citer le proverbe, (1) *l'Ane à la Lyre.* Ce Docteur explique *magiſtralement , théologalement ,* ce paſſage ; *je le dis avec moins de ſageſſe , je le ſuis plus qu'eux* : il en fait un nouveau chapitre ; & ce qui demande une dialectique conſommée, il ajoute une nouvelle ſection. Voici , en forme & en matiere , les paroles

____

(1) *L'âne a la lyre.* Ce Théologien ſe nomme Nicolas de Lyre.

de mon Théologien : " *Je le dis moins sagement,*
„ c'eſt-à-dire , ſi je vous parois fou lorſque je me
„ compare aux faux Apôtres , vous me trouverez
„ encore plus fou de me préférer à eux. „ Puis le
Docteur, comme s'il extravaguoit, ſe jette tout
d'un coup ſur une autre matiere. Mais , que je ſuis
folle, de me tourmenter l'eſprit ſur l'interprétation d'un ſeul Théologien ! Nos *Oraculiſtes* n'ont-
ils pas acquis un droit public d'étendre le ciel, c'eſt-
à-dire l'Ecriture, comme une peau ? S'il faut en
croire ce ſavant Saint Jérôme qui poſſédoit cinq
langues, Saint Paul lui-même uſoit de ce droit ; &
il y a dans ſes divins écrits des choſes qui ſemblent
contraires aux Livres Sacrés , & qui ne paroiſſent
plus telles, quand on lit ces citations à leur ſource.
Jugeons des fraudes pieuſes de ce grand Apôtre ,
par celle-ci. Les Athéniens avoient conſacré un
autel avec cette inſcription, *AUX DIEUX DE
L'ASIE , DE L'EUROPE & DE L'AFRIQUE ;
AUX DIEUX INCONNUS & ETRANGERS :*
S. Paul tronque *l'inſcription* ; il prend ce qu'il croit
avantageux à la Religion Chrétienne , & laiſſe
tout le reſte : encore ces deux mots, *AU DIEU
INCONNU,* qui ſont le texte de ſa prédication ;
il ne les rapporte pas fidellement. Les Théologiens
d'aujourd'hui veulent apparemment mettre cet
exemple à profit : rien n'eſt plus ordinaire , que ſe
les voir arracher dans quelque endroit d'un auteur ,
cinq ou ſix paroles & d'en altérer le ſens , pour
peu qu'elles les accommodent ; cependant, quand
on vient à confronter la copie avec l'original, à

joindre la citation avec ce qui la fuit , on trouve que l'auteur cité n'a point voulu dire ce qu'on prétend & fouvent même , qu'il a penfé tout le contraire. C'eft pourtant ce que nos maîtres font ; & cela avec une impudence fi heureufe, que les Jurifconfultes, gens qui fe plaifent à citer bien ou mal-à-propos , leur en portent envie.

Comment, cette rufe ne réuffiroit-elle pas à ces guerriers fpirituels ? Ils peuvent tout efpérer, après la réuffite de ce grand Théologien dont je vous ai parlé. Ouf ! fon nom m'eft venu fur la langue ; mais je crains *l'Ane à la Lyre* (1). Ce Docteur a interprété, dans l'Evangile de S.Luc, un endroit où il s'accorde avec l'efprit & l'intention de Jefus-Chrift, à-peu-près comme le feu s'accorde avec l'eau. Je m'en rapporte à la jufteffe de votre difcernement. Dans le tems d'un extrême danger, tems auquel les bons cliens font plus affidus auprès de leurs patrons pour offrir leurs fervices , le Sauveur, voulant élever fes difciples au-deffus de toute confiance dans les fecours humains , leur fit cette demande : *Quand je vous ai envoyé, vous a-t-il manqué quelque chofe ?* Ils n'avoient pourtant ni argent de voyage, ni fouliers pour fe garantir des épines & des caillous, ni fac de provifion contre la faim. Les Apôtres ayant répondu, qu'ils avoient trouvé leur néceffaire par-tout ; *A préfent, dit le Sauveur, celui de vous qui a un fac, petit ou grand, qu'il le laiffe là ; & celui qui n'a point d'épée, qu'il vende fa tunique pour en acheter une.* Toute la

______

(1) Voyez la Fig. pag. 208.

Doctrine évangélique ne roulant que fur la dé-
bonnaireté, la patience, le mépris de la vie,
il faut s'aveugler, pour ne pas entrer ici dans
la vue & dans le but de Jefus-Chrift. Ce Législateur voulant mettre fes Lieutenants, fes
Ambaffadeurs dans une difpofition parfaitement
apoftolique, cherche à les détacher généralement de toutes les chofes d'ici-bas. Ce n'étoit
pas affez, qu'ils fe paffaffent de fouliers & de bif-
fac; ils devoient auffi dépouiller leur habit: ce
qui

qui marquoit fans doute cet entier dégagement
de cœur, avec lequel ils devoient entrer dans la
carriere de l'Apoftolat. Il eft vrai, que Jefus-
Chrift ordonne à fes difciples d'acheter une épée :
mais quelle forte d'épée ? Quoi ? Ce fatal & funefte inftrument de brigandage, de parricide, de
vengeance, de meurtre ? Non pas même de dé-
fenfe. C'eft cette épée de l'efprit, qui pénetre
jufques au fond de l'ame, & qui coupe tellement
toutes les paffions, que la piété domine & regne feule dans le cœur. Or voyez, je vous prie,
comment notre célebre *âne à la lyre* a tordu cet
endroit-là : il entend par l'épée, le droit de fe
défendre dans la perfécution : par ce petit fac,
il entend la provifion des vivres : comme fi le
Sauveur, ayant changé de fentiment, retrac-
toit fon ordre, s'étant apperçu que ce n'étoit pas
là pourvoir affez à la fplendeur & à la dignité de
fes Miffionnaires. Ce Législateur ne fe fouvenoit-
il donc plus de fa Morale ? Il avoit déclaré fi for-
mellement à fes difciples, qu'ils feroient bienheureux, s'ils fouffroient patiemment les infamies,
les outrages, les fupplices ; il leur avoit défendu
toute réfiftance contre les agreffeurs ; il leur avoit
dit, que le vrai bonheur étoit pour les débon-
naires, & nullement pour les fuperbes ; enfin,
il les avoit exhortés, par l'exemple des moineaux
& des lys, à s'abandonner entiérement à la providence. Le Sauveur avoit donc oublié tout cela ?
Par un efprit tout contraire, il commande aux

Apôtres de porter l'épée, de vendre leurs habits pour en acheter une, & d'aller plutôt tout nuds, que de marcher sans armes. Comme notre subtil *Commentateur* renferme dans l'épée tout ce qui peut servir à repousser la force, il entend aussi par la bourse, tout ce qui concerne les commodités de la vie. Ainsi, cet interprète de l'Esprit de Dieu fait paroître sur le théatre du monde, les Apôtres armés de pied en cap, pour prêcher un crucifié; il les charge, comme des soldats, de gibeciere, de valise, de paquet, de tout ce qu'il faut pour ne pas jeûner en chemin (1).

Mais pourquoi Jesus-Christ, après avoir commandé à ses disciples de vendre jusqu'à la chemise (exclusivement néanmoins, & je le crois de même) pour acheter une épée, leur ordonne-t-il ensuite, en les réprimandant, de la remettre dans le fourreau? Pourquoi les Apôtres, du moins que l'on sache, n'ont-ils jamais tiré l'épée contre la violence des Païens? Ils auroient été obligés en conscience de le faire, s'ils en avoient reçu un commandement formel. Le fameux Théologien ne s'est nullement embarrassé de toutes ces objections. Il y a un autre docteur; je ne le nommerai point; c'est par respect, quoique pourtant, il ne soit pas de la canaille *scientifique*: ce bon homme fait le plus plaisant saut qu'on puisse imaginer. Le Prophete Habacuc a dit: *Les peaux de la terre de Madian feront en trouble.* Il est clair comme le soleil, que l'inspiré parle des tentes du camp des Madianites:

____

(1) Voyez la Figure pag. 211.

mais ce Théologien, s'abusant sur le mot de *peau*, explique ce passage par l'*écorchure* de Saint Barthelemi.

J'assistois l'autre jour à une dispute de Théologie (car je manque très-rarement à cette sorte de combat) quelqu'un ayant demandé comment on pourroit prouver par l'Ecriture Sainte, qu'on doit employer plutôt contre les hérétiques la voie du fagot & du feu, que celle du raisonnement & de la perſuaſion ; un vieillard, qu'à ſon air rude & arrogant, on reconnoiſſoit aiſément pour Théologien, répondit ſur un ton d'indignation, en fronçant le ſourcil : *C'eſt Saint Paul, oui Saint Paul lui-même, qui a fait cette ſage loi : n'a-t-il pas dit expreſſément , évitez l'hérétique, aprés l'avoir repris une & deux fois ?* Comme il répétoit ſouvent & à haute voix les mêmes paroles, tout le monde le crut ſaiſi d'un accès de frénéſie ; mais à la fin il donna le mot de l'énigme : Etes-vous donc, s'écria-t-il, d'une ignorance aſſez craſſe, pour ne ſavoir pas que ce terme, *devita*, (*évitez*) ſe forme en latin de la prépoſition *de*, & du nom ſubſtantif *vita*, comme qui diroit, *hors de la vie ? Ergo*, Saint Paul a commandé de brûler les hérétiques, & de jeter leur cendre au vent (1).

Une étymologie ſi neuve fit rire quelques-uns des auditeurs : mais d'autres la trouverent profonde & vraiment théologique. Ce *Barbon* s'appercevant que tous les ſuffrages de l'aſſemblée n'étoient pas pour lui, lança l'argument déciſif. Il eſt écrit, dit-il , *ne laiſſe point vivre le malfaiſant :* Or tout hérétique eſt malfaiſant : *Ergo*, &c. Alors chacun admira l'eſprit du Docteur ; & ſon judicieux *Ergo* fut univerſellement applaudi ; & même aucun des auditeurs ne ſe ſouvint que cette loi regardoit uniquement les ſorciers , les enchanteurs , les magiciens, genre d'hommes que les Hébreux déſignent par le terme de *malfaiſant*. Il faudroit donc auſſi condamner au feu tous les coupables & tous

---

(1) Voyez la Figure pag. 213.

les pêcheurs. Mais ne suis-je pas folle, de m'amuſer à ces bagatelles? Le nombre en eſt ſi grand, que Chryſippe & Didyme n'ont pas écrit plus de ſottiſes, quoiqu'ils aient fait une quantité prodigieuſe de volumes, l'un ſur la Dialectique, l'autre ſur la Grammaire. Je vous prie ſeulement de me rendre juſtice ſur une choſe : s'il eſt permis à ces divins maîtres de s'écarter ainſi du bon ſens & de la vérité ; à combien plus forte raison , n'étant qu'une ombre de Théologienne , devez-vous pardonner mon inexactitude dans les citations ?

Je reviens enfin à Saint Paul. Cet Apôtre dit , parlant de lui-même : *Vous supportez volontiers les fous.... Recevez-moi comme un fou.... Je ne parle pas selon Dieu , mais comme si j'étois fou.... Nous sommes fous pour Jesus-Christ.* Un auteur de ce poids-là, dire tant de bien de la folie ? Quelle gloire pour moi ! Saint Paul n'en demeure pourtant pas encore là : il va jusqu'à ordonner la folie , comme une des choses les plus nécessaires au salut : *Celui d'entre vous qui se croit sage , qu'il embrasse la folie pour trouver la sagesse.* Dans Saint Luc, Jesus-Christ n'appelle-t-il pas *fous* les deux disciples qu'il joignit en chemin après sa résurrection ? Cela me surprend beaucoup moins que ce que l'Apôtre dit; *la folie de Dieu vaut mieux que toute la sagesse des hommes.* Or , suivant l'interprétation d'Origene , on ne peut pas rapporter cette folie à l'opinion des hommes , non plus que cet autre passage , *le mystere de la croix est folie à ceux qui périssent.* A quoi bon me fatiguer par toutes ces recherches ? L'homme-Dieu s'adressant à son Pere dans les Pseaumes , ne lui dit-il pas, *tu connois ma folie ?* Ce n'est pas peut-être sans sujet , ou pour mieux dire , c'est apparemment par cette raison-là que les plus fous font les favoris de Dieu. Dans un sens, il en est de l'Etre supréme , comme des princes de la terre: ordinairement ces Dieux mortels n'aiment pas les hommes de droiture & de probité.

(1) César se défioit plus de Brutus & de Cassius que d'Antoine, quoique très-débauché : (2) Néron ne pouvoit souffrir Seneque : (3) Platon échoua auprès de Denys le Tyran. Tout au contraire, les maîtres du monde se plaisent avec les esprits épais, simples, grossiers (4). De même, le Dieu-homme condamne & déteste toujours ces sages, qui mettent tout leur appui en leur philosophie. Saint Paul le déclare net & sans la moindre ambiguité : *Dieu a choisi dans le monde ce qu'il y a de fou....* *Dieu a jugé à propos de sauver le monde par la folie ;* apparemment, parce qu'il ne pouvoit pas le réparer par la sagesse. Dieu dit lui-même, par la bouche du prophète Esaïe : *Je perdrai la sagesse des sages, & je réprouverai la prudence des prudens.* L'humanité de Jesus-Christ ne rend-elle pas graces à la Divinité, d'avoir caché aux sages le mystere du salut & de l'avoir révélé aux petits, c'est-à-dire, aux fous, suivant la force & l'énergie du terme grec ? Il faut encore rapporter à cela cette guerre continuelle que, comme on le voit dans l'Evangile, le Sauveur fait aux Pharisiens, aux Scribes & aux

---

(1) *César.* Comme on avertissoit de se précautionner contre Antoine, je ne me défie pas, répondit-il, de ces gros ivrognes : je crains bien plus ces gens pâles & sobres ; désignant par-là Brutus & Cassius, qui en effet l'assassinerent en plein Sénat.

(2) *Néron.* Il fit mourir Seneque, parce que ce Philosophe, qui avoit été son Précepteur, censuroit ses mauvaises mœurs.

(3) *Platon.* Il fit tout exprès le voyage de Sicile, pour tâcher d'adoucir par la Philosophie l'humeur de Denys, Roi de cette Isle ; mais il ne put y réussir.

(4) Voyez la Fig. pag. 216.

O 4

Docteurs de la loi ; au lieu qu'il prend toujours le parti du vulgaire ignorant : *Malheur à vous , Scribes & Pharifiens* ! Cette imprécation ne veut-elle pas dire , *malheur fur vous , ó fages* ? Enfin le maître de l'univers fe plaifoit le plus avec des gens de néant , des femmes & des pêcheurs. Parmi tant d'efpeces de bétes , Jefus-Chrift a préferé celles qui approchent le moins de la fineffe du renard ; il a choisi un âne pour lui servir de char de triomphe ; au lieu qu'il pouvoit aisément monter un superbe & féroce lion. Le Saint Esprit est descendu sur la seconde personne de la Trinité, non en forme d'aigle ou de milan, mais en forme de colombe, le plus simple des oiseaux. De plus, il est parlé souvent dans l'Ecriture d'animaux, dont l'instinct est le plus borné, tels que sont les cerfs & les agneaux. Jesus-Christ n'appelle-t-il pas *Brebis*, ceux qu'il a choisis pour demeurer éternellement dans son royaume des Cieux ? Or rien n'est si sot que cette bête-là ; & anciennement on donnoit par mépris & par injure, son nom aux gens stupides & grossiers. Dans cette comparaison néanmoins, des élus avec les ouailles, Jesus-Christ fait gloire du titre de *Berger*. Il aime aussi beaucoup celui d'*Agneau* : Jean-Baptiste le fit connoître sous ce nom-là : *Voici l'Agneau de Dieu* ; & c'est aussi sous cette figure qu'il est représenté le plus souvent dans les visions sacrées de l'Apocalypse (1).

Quelles conséquences tirerons-nous de tout cela ? Les voici. Les hommes sont fous, sans même excepter ceux qui font profession de piété. Jesus-Christ, qui est la sagesse du Pere, s'est rendu comme fou, en s'unissant personnellement avec la nature humaine ; de même qu'il s'est fait péché pour remédier au péché. Remarquez comment le Sauveur a rempli dignement ce plan-là. Il a résolu dans son décret éternel, de racheter les hom-

---

(1) Voyez la Fig. pag. 218.

mes par la folie de la croix: il emploie pour l'exécution de ce deſſein, des Apótres idiots & groſſiers ;
il leur recommande ſoigneuſement d'éviter la ſageſſe & d'embraſſer la folie ; il leur propoſe en
exemple , les enfans , les lys , la moutarde , les paſ-
ſereaux , tous étres ſans artifice , ſans inquiétude &
qui ſuivent en tout les loix de la nature , & la mé-
chanique de ſes mouvemens. Ce Légiſlateur dé-
fend à ſes diſciples , de ſe préparer lorſqu'il s'agira
de paroître devant les grands : il ne veut point qu'ils

s’embarraffent de l’avenir, ni qu’ils obfervent la me-
fure du tems ; le tout , de peur qu’ils ne s’appuyent
fur leur propre fageffe, & afin qu’ils fe repofent entiérement fur fa providence. Ce fut par la même
raifon, que le grand architecte de l’univers défendit à ce beau couple d’epoux qu’il venoit de faire
& de marier , qu’il leur défendit , dis-je , fous peine
de malheur & de mort , de toucher à l’arbre de
fcience : grande indice que la fcience eft le poifon
de la félicité. Saint Paul la rejette comme perni-
cieufe, quand il dit qu’elle enfle le cœur. Je crois
que Saint Bernard parloit felon le fentiment de cet
Apôtre ; car il nomme la montagne où le fuperbe
Lucifer avoit fixé fa réfidence, *le Mont du favoir*.
Autre preuve qui n’eft pas à rebuter : il faut affurément que j’aie du crédit dans le ciel : comment? On
y obtient grace fous mon nom , au lieu qu’on n’o-
feroit employer la faveur de la fageffe. Un homme
a-t-il péché avec connoiffance de caufe ? ne croyez-
pas qu’il s’avife d’alléguer fes lumieres ; il eft trop
heureux de prendre la folie pour prétexte & pour
protectrice. C’eft ainfi qu’Aron, au XII. chap.
des nombres , fi j’ai bonne mémoire , demandant pardon pour fa femme , s’écrie : *Veuille ,*
Seigneur , t’appaifer envers nous , touchant cette
faute que nous avons follement commife ; Saül fe
repentant à l’égard de David , *il paroit bien* , lui
dit-il , *que j’ai agi en fou*. David lui-même ,
tâchant de fléchir la vengeance divine , *Sei-*
gneur , dit-il, *je vous fupplie d’ôter cette iniquité*
du compte de votre ferviteur , car nous avons agi

follement. Voyez-vous bien qu'il croyoit n'être point exaucé, s'il n'alléguoit sa folie & son ignorance ? Mais rien ne fait tant pour moi, que la priere que le Sauveur fit sur la croix pour ses ennemis : *Pere, pardonnez-leur :* ce Dieu mourant n'employa point d'autre raison d'excuse, que la raison d'imprudence, *parce qu'ils ne savent ce qu'ils font.* De même, Saint Paul à Timothée : *Dieu m'a fait miséricorde,*

*parce que mon incrédulité étoit l'effet de l'igno-
rance.* Qu'eſt-ce que cette *ignorance?* N'eſt-ce
pas la folie, & non la malice ? Quel eſt le ſens
de ces paroles : *Dieu m'a fait miſéricorde , parce
que , &c.* N'eſt-ce pas inſinuer clairement, que
ſans le crédit & la recommandation de la Folie, il n'y auroit point eu de miſéricorde pour
Saint Paul ? Le myſtique Pſalmiſte étoit auſſi
des nôtres, dans cet endroit que j'ai oublié de
placer en ſon lieu : *Daigne, Seigneur, oublier
les égaremens de ma jeuneſſe & mes ignorances.*
Ce divin chantre, l'avez-vous remarqué ? s'ex-
cuſe par deux endroits : par la jeuneſſe, âge
dont je ſuis la fidelle & inſéparable compagne,
& par l'ignorance. Notez qu'il exprime la
ſienne par le nombre pluriel ; & cela, pour
montrer la grande force de ſa folie.

Pour ſortir plus vîte d'un détail qui ne finiroit
jamais, vous allez voir en raccourci, que la
Religion Chrétienne ſemble s'accorder parfaitement avec la Folie, & n'avoir nul rapport avec
la ſageſſe. Comme c'eſt-là un vrai Paradoxe,
je ne ſuis pas aſſez déraiſonnable pour demander d'en être crue ſur ma bonne foi ; je viens
donc aux preuves. Premiérement, les jeunes
gens, les vieillards, les femmes, & les ſots,
prennent plus de plaiſir que les ſenſés, aux ſa-
crifices, & aux autres cérémonies du culte ; d'où
vient qu'ils tâchent de s'approcher de l'autel le
plus qu'ils peuvent. Et qui leur donne ce zele
de dévotion ? L'impreſſion toute machinale de

la nature. En seconde lieu, les Fondateurs de la Religion Chrétienne, faisant profession d'une simplicité merveilleuse, étoient les ennemis déclarés de l'étude des belles-lettres. Enfin, il n'y a point de fous qui paroissent plus extravagans, que ceux qui se sont livrés tout entiers à l'ardeur de la piété Chrétienne : ils répandent leur argent comme de l'eau ; ils méprisent les injures ; ils se laissent tromper ; ils ne mettent aucune différence entre les amis & les ennemis; la volupté leur fait horreur; l'abſtinence, les veilles, les larmes, les travaux, les outrages, voilà ce qui les engraiſſe; un grand dégoût pour la vie, grande impatience de mourir; enfin, on diroit qu'ils ſont abſolument privés du ſens commun, & que ce ſont des corps qui vivent ſans ame & ſans ſentiment. Quel nom trouverons-nous à cela, ſi le nom de Folie ne convient point? Les Juifs n'étoient-ils pas fondés à croire que les Apôtres avoient trop bu? Le Juge Feſtus n'avoit-il pas raiſon de prendre Saint Paul pour un extravagant?

Mais puiſque je me ſuis érigée ici, je ne ſais comment, en ſavante & en raiſonneuſe, je veux ſoutenir la gageure juſqu'à la fin. Courage, mon bel eſprit! Soutenons devant ces auditeurs, devant cette illuſtre aſſemblée de fous, une nouvelle theſe, à laquelle on ne s'attend pas. Oui, Meſſieurs, je vais vous montrer, que le bonheur des Chrétiens, que cette félicité qu'ils cherchent avec tant de peines & de travaux, n'eſt qu'une eſpece de folie & de fureur. Vous me regardez de travers, & l'indignation vous monte au viſage? Doucement, doucement, ne nous arrêtons point aux mots, ce ne ſont que des ſons articulés & arbitraires; attachons-nous ſeulement à bien examiner la choſe. J'entre en matiere.

Le Syſteme du Chriſtianiſme ſur le vrai bonheur de la vie, eſt preſque la même choſe que le plan des Platoniciens. Suivant le principe fondamental de ces deux partis, l'ame eſt enfoncée dans le corps ; elle eſt envelopée des liens de la matiere ; elle eſt tellement entraînée par la peſanteur de la machine organique, qu'elle a une peine extrême à connoître le vrai, & encore plus à en jouir. Par cette raiſon-là, Platon définit la philoſophie, *la méditation de la mort* ; car, comme la philoſophie retire l'ame des objets viſibles & matériels, auſſi fait la mort. Sur ce pied-là, tant que l'ame emploie les organes du corps, ſelon l'économie naturelle de ces deux ſubſtances diſtinctes, l'ame eſt ſaine & ſage : mais lorſque l'ame, rompant ſes liens, tâche de s'enfuir de ſa priſon, & de ſe procurer la liberté, alors on appelle cela *folie* ; & ſi ce dérangement vient de maladie, & de l'altération des organes, alors tout le monde convient que c'eſt une fureur. Nous les voyons pourtant, ces fous trop heureux ; nous les voyons prédire l'avenir, poſſéder des langues & des Sciences qu'ils n'ont jamais appris, & faire voir en eux quelque choſe de divin. D'où peut venir un tel prodige ? C'eſt ſans doute, que l'ame, devenue un peu plus dégagée de la ſervitude du corps, commence à montrer ſa force naturelle. Ne ſeroit-ce point là auſſi pourquoi (1) les mourans parlent quelquefois en inſpirés ? Si l'amour & le zele de la piété produiſent cet effet extraordinaire,

---

(1) *Les mourans.* Socrate, condamné trés-injuſtement à mourir par la ciguë, dit aux juges qui avoient prononcé ſa ſentence : Je ſouhaite d'être bon Prophete pour vous qui m'avez condamné ; car je ſuis dans la conjoncture où les hommes devinent, c'eſt-à-dire, aux approches de la mort.

ce n'eſt peut-être pas le même genre de Folie ; mais il en approche ſi fort, que communément on lui donne ce nom-là. Et en effet, qui ne traiteroit pas de fous, de maîtres fous, un très, & plus que très-petit nombre de *pauvres d'eſprit*, qui, par leur conduite, font le procès à tout le reſte du genre humain ? L'idée de Platon ne ſera pas ici hors d'œuvre. Ce Philoſophe feint une caverne pleine de gens qui y ſont arrétés malgré eux. Un de ces captifs s'enfuit, & après s'être promené long-tems, il revient. Oh ! mes amis, s'écrie-t-il en rentrant, que vous me faites pitié ! Vous ne voyez ici que des ombres, que des fantômes ; en un mot, vous êtes des fous. Mais pour moi, je n'ai rien vu que de réel, que de ſolide, rien qui ne ſoit en être. Les *Caverniers*, de leur côté, qui ne ſont jamais ſortis du Souterrain, diront en s'entre-regardant : Que veut donc dire ce fou-là ? Sérieuſement, ſa cervelle eſt démontée. Ainſi en va-t-il du commun des hommes : ce qui tombe le plus ſous les ſens, occupe le plus leur eſprit ; ils ne connoiſſent preſque point d'autres êtres, que les êtres matériels & ſenſibles. Au contraire, ceux qui ſe ſont dévoués à la piété, plus un objet a de rapport au corps, moins ils en font de cas, étant toujours attachés à la contemplation des choſes inviſibles.

Les mondains ſout leur premiere & principale occupation d'amaſſer du bien, enſuite ils s'appli-

quent à contenter le corps; & le dernier foin fe
réferve pour l'ame, dont la plupart ne croient
point l'exiftence, parce qu'elle n'eft pas vifible. Les
gens embrafés du feu de la Religion prennent une
route oppofée: ils mettent toute leur confiance en
Dieu, qui eft le plus fimple des Etres: après lui, &
cependant en lui, ils penfent à leur ame, comme
à la chofe qui approche le plus de la Divinité. Ils
ne fe foucient nullement du corps; non feulement

ils méprifent la fortune, mais même ils la fuient ; & s'ils font obligés par devoir & comme peres de famille, à veiller fur leur temporel, ce n'eft qu'à regret, ce n'eft qu'avec dégoût, parce qu'ils ont comme s'ils n'avoient point, parce qu'ils poffedent, comme ne poffédant point. Il y a encore plufieurs autres degrès de différence entre les hommes qui ne s'occupent que du corps, & ceux qui fe donnent tout-à-fait à la pieufe culture de l'ame : pour mieux diftinguer ces degrès, pofons un principe inconteftable.

Quoique tous les fentimens de l'ame aient une liaifon néceffaire avec le corps, il y en a pourtant de deux fortes : les uns plus matériels, tels que font l'attouchement, l'ouïe, la vue, l'odorat & le goût ; les autres ont moins de rapport aux organes, & ceux-là font, la mémoire, l'entendement & la volonté. Il s'enfuit de-là, que l'ame a plus ou moins de force, à proportion qu'elle s'applique plus ou moins à ces divers fentimens. Bâtiffons maintenant fur cette fuppofition. Parce que les gens qui font leur tout de la piété, s'élevent autant qu'ils peuvent, au-deffus des fens corporels, ils les émouf-fent fi fort, qu'à la fin ils ne fentent plus rien. (1) Un Saint Bernard, par exemple, qui, à ce que fa *légende* rapporte, buvoit de l'huile pour du vin. Au contraire les fenfuels ont une grande vigueur d'ame pour les fens du corps, & une grande foibleffe pour les fentimens de l'ame. De plus, entre les paffions,

____

(1) Voyez la Fig. pag. 228.

quelqu'unes concernent le corps de plus près ,
comme les defirs amoureux , la faim & la foif ,
l'envie de dormir , la colere , l'orgueil , l'envie ;
les vrais dévots , s'il y en a , font une guerre irréconciliable à ces paffions ; au lieu que les partifans
de la nature ne croient pas qu'on puiffe vivre fans
elles. Enfuite , il y en a qui tiennent le milieu & qui
font comme naturelles ; par exemple , aimer fa
patrie , fes parens , fes enfans , fes proches , fes
amis : le commun des hommes accorde quelque
chofe à ces paffions-là ; mais les pieux travaillent

à se les arracher du cœur, ou du moins à les *spiritualiser*. Un fils aime son pere : vous vous imaginez, peut-être, que c'est la *paternité* qu'il honore & qu'il chérit, dans celui dont il a reçu la vie ? Nullement. Quel présent mon pere m'a-t-il fait, dit ce Saint ? d'un corps misérable, & qui est mon plus dangereux ennemi ! encore est-ce à Dieu que je le dois ; il est l'auteur de mon être ! Mais j'aime mon pere, comme un homme en qui reluit l'image de cette suprême intelligence qui est *le souverain bien*, & hors laquelle il n'y a rien d'aimable, ni de souhaitable. C'est par cette même regle, que les gens à mortification jugent de tous les devoirs de la vie ; ensorte que s'ils ne méprisent pas généralement toutes les choses visibles, au moins les mettent-ils infiniment au dessus de ce qui ne se voit point. Ils disent même, que dans les sacremens, & dans les autres fonctions du culte, la matiere ne seroit rien, sans l'esprit. Les jours de jeûne, ils comptent pour peu de chose l'abstinence de la viande & du souper, quoique la multitude fasse consister en ces deux points toute l'obligation du précepte. Les pieux vous disent qu'il faut jeûner d'esprit, dompter ses passions, mortifier sa colere & son orgueil, afin que l'ame étant dégagée de la masse du corps, soit mieux en état de goûter les biens du ciel. Autant en est-il de la messe : nous ne méprisons pas, disent-ils, ce qu'il y a d'extérieur & de visible dans ce sacrifice : mais les signes & les cérémonies seroient inutiles & même pernicieux, sans le secours

de l'efprit. Ce myftere repréfantant la mort du
Sauveur , il faut que le fidele la repréfente auffi en
mourant à fes paffions , afin de reffufciter en nouveauté de vie , pour s'unir à Chrift & à fes membres. C'eft dans cette difpofition , que les Saints af-
fiftent à la meffe. Le vulgaire n'en fait pas de même:
ne connoiffant dans ce facrifice , que le commandement d'en être témoin , on regarde , on eft attentif au chant , aux cérémonies ; & puis c'eft tout.
Ce n'eft pas feulement dans les chofes que je viens
d'apporter pour exemples , que les Anges mortels
rompent tout commerce avec la matiere & le corps;
c'eft généralement dans toute la vie , prenant par-
tout un rapide effor vers les biens éternels , invifi-
bles & fpirituels. Puis donc que les pieux & les
non pieux different en tout , vous jugez bien qu'ils
fe regardent les uns les autres comme des fous.
Mais , je vous le jure, foi de folie , les *naturaliftes*
ont raifon dans cette difpute-là ; & ce font les *pieux*
qui méritent le titre de *fous*. Vous ne pourrez en
difconvenir , dès que je vous aurai fait voir en peu
de mots , que cette récompenfe infinie , après laquelle ils courent fi ardemment, n'eft qu'une efpece
de fureur. J'appuye mon fentiment fur un oracle du
divin Platon : *La fureur des amans* , dit ce philofophe enthoufiafte , *eft la plus heureufe de toutes.* En
effet , un amant paffionné ne vit plus en foi , mais
en la perfonne qui s'eft emparée de fon cœur ; &
plus il fort de lui-même pour fe transformer en
l'objet de fon amour , plus il fent redoubler fon
plaifir. Ainfi , quand l'ame d'un dévot , qui brûle

d'envie d'arriver à la perfection évangelique, ne travaille qu'à sortir de son corps par le mépris des sens & des organes, n'a-t-on pas raison d'appeller cela une fureur? Rappellez-vous en la mémoire ces manieres de parler qui sont si fort en usage : *Il est hors de soi.. Rentrez en vous-mêmes .. Il est revenu à soi.* Outre cela, selon l'idée de Platon, il faut mesurer par la force de l'amour, la grandeur de la fureur & de la félicité. Quelle sera donc la vie des bienheureux dans le ciel ; vie après laquelle les pieux soupirent avec tant d'empressement? Car dans cet état de joie complette, & toujours renouvellée, l'ame victorieuse & triomphante absorbera le corps : cette parfaite domination , bien loin de causer la moindre peine, deviendra naturelle : l'esprit sera comme dans son regne, & il jouira des efforts qu'il a fait ici-bas pour réduire le corps dans un entier assujettissement. De plus, l'ame sera, d'une maniere incompréhensible, comme engloutie dans cette suprême intelligence qui la surpasse infiniment ; si bien que tout l'homme sera hors de soi ; & il ne sera bienheureux, qu'à cause que n'étant plus avec lui-même, il recevra une volupté inexprimable de ce souverain bien qui attire tout à soi. Au reste, quoique cette félicité ne doive se consommer que par la réunion de l'ame avec le corps, cependant, parce que la vie des Saints de la Terre n'est que la méditation continuelle, & comme l'ombre des joies du Paradis, ils ne laissent pas de goûter & de sentir en ce

monde-ci la récompenfe qui leur eſt promiſe. Il
eſt vrai que , par rapport à la *Béatitude éternelle* ,
ce n'eſt qu'une petite goutte de cette délicieuſe &
inépuiſable fontaine : mais cette goutte vaut in‑
comparablement mieux que les plaiſirs des ſens,
quand vous les mettriez tous enſemble. Tant il
eſt vrai , que les choſes ſpirituelles ſont infiniment
au-deſſus des matérielles , & que les biens inviſi‑
bles excellent ſur les biens viſibles ! Auſſi, un Pro‑
phete fait-il cette magnifique promeſſe : *L'œil n'a*

point vu, l'oreille n'a point entendu, & il n'est pas monté au cœur de l'homme, ce que Dieu a préparé à ceux qui l'aiment. C'est-là ce genre de folie, qui, loin de se perdre, lorsqu'on monte de la terre au ciel, acquiert son dernier degré de perfection. Pour revenir à ceux à qui Dieu, par une faveur toute spéciale, fait sentir les avant-goûts de la *Béatitude*, le nombre en est fort petit, & très-suspect. Ils sont sujets à certains symptomes, qui ressemblent tout-à-fait à ceux de la démence : leurs paroles sont mal liées, ou, pour lâcher le mot, ils ne savent ce qu'ils disent : le visage leur change à tout moment : tantôt gais, tantôt abattus ; pleurant, riant, soupirant ; enfin, ils sont tout-à-fait hors d'eux-mêmes. Sont-ils rentrés dans leur bon sens, ils assurent qu'ils ne savent point du tout d'où ils viennent ; s'ils y sont allé en corps, ou seulement en esprit, éveillés ou endormis ; ce qu'ils ont ouï, ce qu'ils ont vu, ce qu'ils ont dit, ce qu'ils ont fait, rien de tout cela ne leur est demeuré dans la mémoire, que fort confusément, & comme si c'étoit un rêve. Ils ne retiennent qu'un seul point, c'est qu'ils étoient très-heureux dans leur folie : aussi sont-ils extrêmement chagrins de leur convalescence de cerveau ; & il n'y a rien qu'ils ne sacrifiassent volontiers pour être toujours fous au même prix. Ce n'est pourtant là qu'une miette de la table de Dieu : jugez donc du festin éternel.

Mais, il me semble qu'il y a déja long-tems que, sans penser à ce que je suis, je cours au-delà des bornes. Si j'ai trop *babillé*, & trop hardiment, souvenez-vous que je suis la Folie, & n'oubliez pas que je suis femme ; mais souvenez-vous en même tems de cet ancien proverbe des Grecs: *Souvent l'homme fou parle fort à propos* : à moins que vous ne prétendiez, que la femme n'est pas comprise dans le mot *homme*.

Vous attendez sans doute une conclusion ? Je connois cela à vos *mines*. Mais en vérité vous êtes de dignes fous, si vous vous imaginez que j'aie pu retenir tout ce fatras de matiere que je vous ai débité. Au lieu d'épilogue, je vous régale de deux sentences. L'une est fort âgée : *Je n'aime point à boire avec un homme qui se souvieut de tout* : l'autre est toute fraiche : *Je hais l'auditeur qui a la mémoire heureuse.* C'est pourquoi, bonjour & bonne santé, *célébrissimes* Ministres de la Folie: applaudissez, vivez, buvez !

TABLE

DES

PRINCIPALES MATIERES,

Contenues dans cette Déclamation.

Pag. 234

TABLE DES MATIERES.

Q

TABLE DES MATIERES.

TABLE DES MATIERES.

F I N.